Meine Bibel

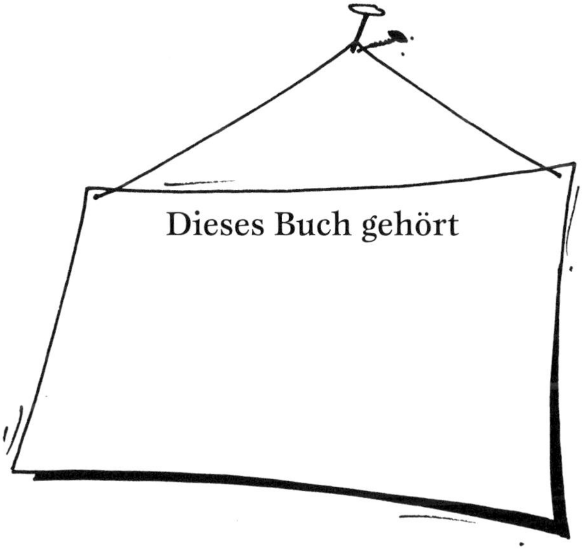

Meine Bibel

Illustriert von Ronald Parusel

Verlag Katholisches Bibelwerk GmbH, Stuttgart

Inhalt

Gott hält unsere Welt in seiner Hand

Die Bibel erzählt vom Weg Gottes mit den Menschen. Seit es Menschen auf der Erde gibt, begleitet sie Gott, auch wenn sie das manchmal vielleicht gar nicht merken. Zunächst haben Menschen sich gegenseitig davon erzählt, später schrieb man alles auf.
Das ist nun schon 3000 Jahre her. Und trotzdem lesen wir diese Geschichten bis heute. Nicht weil wir wissen wollen, „wie es damals war", sondern weil wir spüren: Wir können in diesen Geschichten noch heute Wichtiges über Gott, über uns selbst und über unsere Welt erfahren.
In den ersten Geschichten der Bibel geht es um Fragen wie: Woher kommt die Welt? Wie ist sie entstanden? Warum gibt es Tag und Nacht? Woher stammt das Leben auf der Erde, vor allem das Leben der Menschen? Warum sind die Menschen immer wieder böse? Warum gibt es Werktage und Sonntage? Gibt es eine Hoffnung auf neues und glückliches Leben, wenn Menschen durch eigene Bosheit Leben zerstören?
Die Bibel beginnt mit den Worten „Im Anfang". Sie meint damit: „damals, heute und morgen". Gott schenkt uns die Welt stets neu.
In der folgenden Erzählung spielen die sieben Tage der Woche mit dem siebten Tag als Ruhetag eine wichtige Rolle. Man kann Gott nur loben im Wechsel von Arbeit und Ruhe. Und es wird betont: Gott und Mensch gehören untrennbar zusammen.

Gott erschafft die Welt

Im Anfang schuf Gott Himmel und Erde. Die Erde war zu dieser Zeit ein Chaos, ohne Ordnung. Überall war Wasser. Finsternis lag über der Urflut. Gottes Geist schwebte über dem Wasser.
Gott sprach: Es werde Licht. Und es wurde Licht. Und Gott sah: Das Licht war gut. Er trennte das Licht von der Finsternis und nannte das Licht Tag und die Finsternis Nacht. Das war der erste Tag.
Dann sprach Gott: Ein Gewölbe entstehe mitten im Wasser und trenne Wasser von Wasser. Und es geschah so. Gott nannte das Gewölbe Himmel. Das war der zweite Tag.
Dann sprach Gott: Das Wasser unterhalb des Himmels sammle sich an einem Ort, damit das Trockene sichtbar werde. So geschah es. Das Trockene nannte Gott Land, das angesammelte Wasser Meer. Und Gott sah: Es war gut so. Dann sprach Gott: Das Land lasse alle Arten von Pflanzen und von Bäumen wachsen. Und es geschah so. Gott sah: Es war gut so. Das war der dritte Tag.
Dann sprach Gott: Lichter sollen am Himmel sein, um Tag und Nacht zu trennen. Sie sollen über die Erde leuchten und helfen, Tage, Monate, Jahre und Festzeiten zu bestimmen. Und es geschah so. Gott machte Sonne, Mond und Sterne. Und Gott sah: Es war gut so. Das war der vierte Tag.
Dann sprach Gott: Das Wasser wimmle von Fischen, der Himmel wimmle von Vögeln. Und es geschah so. Gott sah: Es war gut so. Gott segnete sie und sprach: Seid fruchtbar und vermehrt euch. Das war der fünfte Tag.

Dann sprach Gott: Das Land bringe alle Arten von Lebewesen hervor. Und es geschah so. Gott sah: Es war gut so. Dann sprach Gott: Ich will Menschen machen als mein Abbild, mir ähnlich. Gott schuf also den Menschen als sein Abbild. Als Mann und Frau schuf er sie. Gott segnete sie und sprach zu ihnen: Seid fruchtbar und vermehrt euch, bevölkert die Erde, betrachtet sie als euren Lebensraum. Kümmert euch um die Pflanzen und um die Tiere. Euch und den Tieren gebe ich die Pflanzen zur Nahrung. Und es geschah so. Gott sah alles an, was er gemacht hatte: Es war sehr gut. Das war der sechste Tag.
Nun waren Himmel und Erde vollendet. Am siebten Tag ruhte Gott. Er segnete diesen Tag besonders.

Adam und Eva im Paradiesgarten

Die ersten Menschen waren Adam (der aus Erde Gemachte) und Eva (Leben). Sie lebten im Paradiesgarten, den Gott gemacht hatte. Sie bebauten und behüteten den Garten. Es gab dort Flüsse mit frischem Wasser, eine Fülle von Pflanzen und die bunte Vielfalt der Tiere. Auch wuchsen dort allerlei Bäume, mit ihren köstlichen Früchten verlockend anzusehen. Gott sprach zu den Menschen: Von allen Bäumen des Gartens könnt ihr essen, doch vom Baum der Erkenntnis von Gut und Böse in der Mitte des Gartens esst nicht; denn sobald ihr davon esst, müsst ihr sterben.
Im Paradies lebte auch ein kluges Tier: die Schlange. Sie war klüger als alle anderen Tiere. Sie fragte Eva: Hat Gott wirklich gesagt: Ihr dürft von keinem Baum des Gartens essen? Eva antwortete: Von den Früchten der Bäume im Garten dürfen wir essen. Nur von den Früchten des Baumes in der Mitte des Gartens sollen wir nicht essen, sonst sterben wir.

Da beteuerte die Schlange: Nein, ihr werdet bestimmt nicht sterben. Gott weiß: Sobald ihr davon esst, werdet ihr klug, ihr werdet wie Gott und erkennt Gut und Böse. Da schienen Eva die Früchte dieses Baumes besonders köstlich zu sein und es lockte sie, klug zu werden. Sie nahm von den Früchten und aß; sie gab auch Adam davon und auch er aß.
Jetzt erkannten sie den Unterschied zwischen Gut und Böse.
Als sie Gott im Garten umhergehen hörten, versteckten sich Adam und Eva vor Gott unter den Bäumen.
Gott rief Adam: Wo bist du? Er antwortete: Ich habe dich kommen hören und fürchtete mich vor dir. Da habe ich mich versteckt. Gott fragte: Hast du von dem Baum gegessen, von dem zu essen ich dich gewarnt habe? Adam antwortete: Eva hat mir von dem Baum gegeben und da habe ich gegessen. Da sprach Gott zu Eva: Was hast du da getan? Sie antwortete: Die Schlange hat mich überredet und da habe ich gegessen.
So redeten sich beide heraus. Keiner wollte schuld sein. Da sprach Gott zur Schlange: Weil du das getan hast, sollst du auf dem Bauch kriechen und Staub fressen alle Tage deines Lebens. Zu Eva sprach er: Nur mit Schmerzen und mit Mühe wirst du Kinder bekommen können. Zu Adam sprach er: Alle Tage deines Lebens wirst du dich unter großer Anstrengung von dem ernähren müssen, was die Erde hervorbringt.

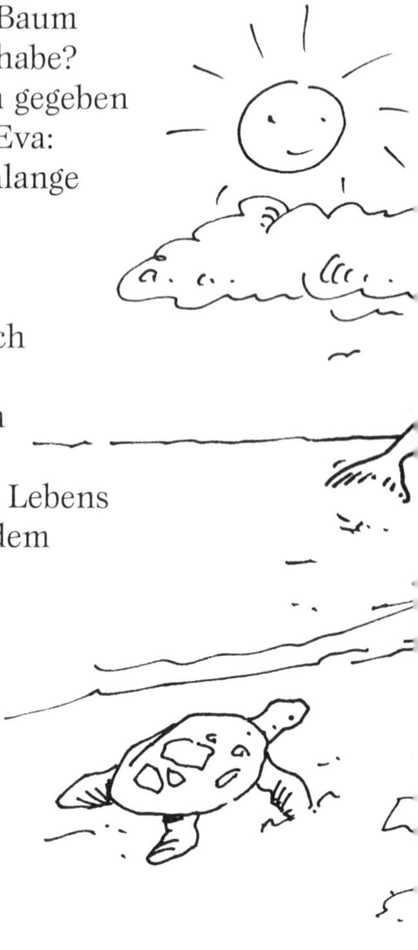

Und zu beiden sprach er: Ihr werdet zur Erde zurückkehren, von der ihr ja genommen seid. Denn Staub seid ihr, zum Staub müsst ihr zurück. Zu sich selbst sprach er: Der Mensch ist beinahe wie Gott geworden; er erkennt Gut und Böse. Hoffentlich isst er nicht auch noch vom Baum des Lebens und lebt ewig! Da vertrieb Gott den Menschen aus dem Garten und stellte am Eingang zum Garten Engel auf. Sie bewachten den Weg zum Baum des Lebens.

Gott war traurig über das Verhalten der Menschen; aber er sorgte weiter für sie. Er machte Adam und Eva Röcke von Fellen und bekleidete sie damit.

Alle wissen es: Wir können gut und böse sein. Wir können aufbauen, aber auch zerstören. Immer gibt es beides nebeneinander, in jedem Menschen. So erzählen sich alle Völker Geschichten, die vom Untergang reden, von der großen Flut, aber auch von der Rettung. Mag es manchmal so aussehen, als sei das Leben ganz und gar am Ende: Es gibt einen neuen Anfang...

Gott rettet Noach und die Tiere

Die Gemeinheit der Menschen auf der Erde wurde immer schlimmer. Gott tat es leid, solche Menschen geschaffen zu haben. Er sagte sich: Ich will alle Menschen vernichten und mit ihnen alle Tiere. Nur Noach war eine Ausnahme. Es gefiel Gott, wie er lebte. Da sprach Gott zu Noach: Bau dir eine Arche, ein großes Schiff aus Zypressenholz! Ich will nämlich eine Flut über die Erde bringen und alles vernichten. Dich aber will ich retten. Von allen Tieren führe zwei in die Arche, damit sie mit dir am Leben bleiben! Nimm von allem Essbaren etwas mit und leg dir einen Vorrat an!
Darauf sprach Gott zu Noach: Geh in die Arche, du und deine ganze Familie und alle Tiere.

Als sieben Tage vorüber waren, kam das Wasser der Flut über die Erde. Der Regen ergoss sich vierzig Tage und vierzig Nächte lang auf die Erde. Das Wasser stieg und hob die Arche immer höher über die Erde. Da kamen alle um, Menschen und Tiere. Nur Noach blieb übrig und was mit ihm in der Arche war.
Nach hundertfünfzig Tagen sank das Wasser. Noach öffnete das Fenster der Arche und ließ einen Raben hinaus. Der flog aus und ein, bis das Wasser auf der Erde getrocknet war.
Dann ließ Noach eine Taube heraus.

Gegen Abend kam die Taube zu ihm zurück. In ihrem Schnabel hatte sie einen frischen Ölzweig. Er wartete weitere sieben Tage und ließ die Taube noch einmal hinaus. Nun kehrte sie nicht mehr zu ihm zurück, denn sie hatte für sich eine Bleibe gefunden.
Da sprach Gott zu Noach: Komm heraus aus der Arche, du und deine ganze Familie und alle Tiere. Da kam Noach heraus, baute Gott einen Altar und brachte Gott ein Dankopfer dar. Da sprach Gott zu Noach, zu seiner ganzen Familie und zu allen Tieren:
Seid fruchtbar, vermehrt euch und bevölkert die Erde! Nie wieder soll eine Flut kommen und die Erde verderben. So lange die Erde besteht, sollen Aussaat und Ernte, Kälte und Hitze, Sommer und Winter, Tag und Nacht nicht aufhören. Ihr könnt euch auf mich verlassen. Und das ist das Zeichen zwischen mir und euch für alle Zeit: Ich setze meinen Bogen in die Wolken. Wenn die Wolken sich bedrohlich zusammenballen und nach dem Unwetter der Regenbogen in den Wolken erscheint, dann wird er mich daran erinnern, was ich dir und deinen Nachkommen und allen Tieren versprochen habe. Und ihr wisst, wenn ihr den Regenbogen seht: Ihr könnt euch auf mich verlassen und braucht keine Angst zu haben.

Abraham und Sara machen sich auf den Weg

Mit Abraham und Sara beginnt in der Bibel eine großartige Weggeschichte Gottes mit den Menschen. Abraham und Sara verlassen ihre Familien und ihre Heimat und vertrauen sich ganz Gott an. In einem Traum erfährt Abraham, dass Gott ihm und seinen Nachkommen ein Land geben wird, das ihnen für alle Zukunft gehören soll. Die Nachkommen von Abraham und Sara, das Volk Israel mit seinen zwölf Stämmen, hat vor allem eine Aufgabe: Es soll allen anderen Menschen der Erde zeigen, was es bedeutet, Menschen Gottes und Volk Gottes zu sein. Abraham wird von Juden, Christen und Muslimen verehrt. Er gilt er als „Vater des Glaubens“ für alle Menschen.

Abraham und Sara vertrauen Gott

Abraham und Sara stammten aus der Stadt Ur im Zweistromland Chaldäa, das zwischen den zwei Flüssen Eufrat und Tigris lag. Gott sprach zu Abraham und Sara: Zieht weg aus diesem Land, trennt euch von euren Familien und zieht in das Land, das ich euch zeigen werde. Ich werde euch zu einem großen Volk machen und euch segnen. Ein Segen sollt ihr sein. Ich will segnen, die euch segnen; und wer euch Böses wünscht, der wird von mir keinen Segen erfahren. Durch euch sollen alle Menschen der Erde Segen erlangen. Da zogen Abraham und Sara weg, wie Gott ihnen gesagt hatte. Abraham war schon fünfundsiebzig Jahre alt, als er zusammen mit seiner Frau Sara und allem, was sie besaßen, fortzog. Sie wanderten weit, sehr weit, bis sie ins Land Kanaan kamen. Bei der Orakeleiche in Sichem erschien Gott dem Abraham und sprach: Deinen Nachkommen gebe ich dieses Land.

Gott schließt mit Abraham und Sara einen Bund

Gott sprach zu Abraham und Sara: Fürchtet euch nicht, Abraham und Sara, ich beschütze euch; euer Lohn wird groß sein. Abraham und Sara antworteten: Gott, was willst du uns schon geben? Wir haben doch keine Kinder und sind schon alt. Doch Gott sprach zu ihnen: Ihr seid zwar schon alt, aber euch wird noch ein Sohn geschenkt werden. Und er führte Abraham und Sara hinaus und sprach: Seht zum Himmel hinauf und zählt die Sterne, wenn ihr sie zählen könnt. So zahlreich werden eure Nachkommen sein. Ihr werdet Stammvater und -mutter vieler Menschen sein. Ihr könnt euch auf mich verlassen: Euch und euren Nachkommen werde ich ein guter Gott sein. Verlasst euch darauf, ihr und eure Nachkommen, Generation um Generation.

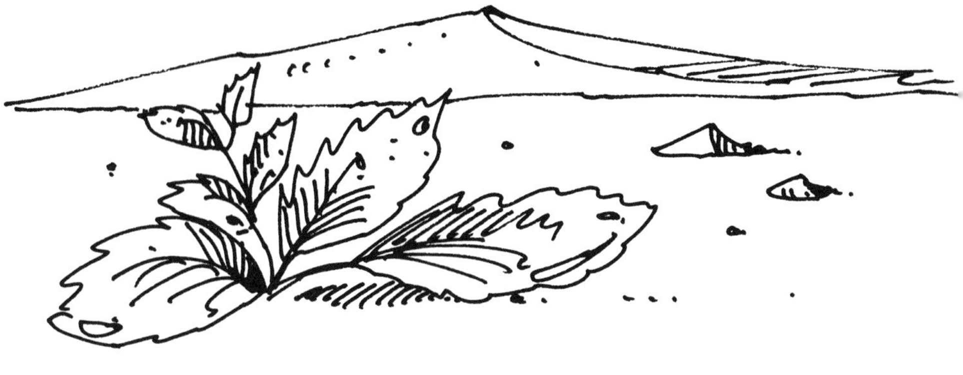

Gott kehrt bei Abraham und Sara ein

Ein anderes Mal erschien Gott Abraham und Sara bei den Eichen von Mamre. Abraham saß gerade zur Zeit der Mittagshitze am Zelteingang. Er blickte auf und sah vor sich drei Männer stehen. Als er sie sah, lief er ihnen entgegen. Er begrüßte sie und sagte: Wenn ihr meine Freunde seid, dann geht nicht an mir vorbei. Ich will etwas Wasser holen, dann könnt ihr euch die Füße waschen und euch unter dem Baum ausruhen. Ich will etwas Brot holen und ihr könnt dann nach einer kleinen Stärkung weiterziehen.
Da lief Abraham eiligst ins Zelt zu Sara, seiner Frau, und rief: Nimm schnell feines Mehl, rühr es an und backe Brotfladen. Er lief weiter zum Vieh, nahm ein zartes, prächtiges Kalb zum Braten und stellte den Gästen Brot, Milch und das zubereitete Kalb hin. Als sie gegessen hatten, fragten die Fremden Abraham: Wo ist deine Frau Sara? Dort im Zelt, sagte er. Sie sprachen zu ihm: In einem Jahr kommen wir wieder zu euch, dann wird Sara einen Sohn haben. Sara hörte am Zelteingang hinter seinem Rücken zu. Beide waren sehr verwirrt, als sie das hörten. Sie waren ja schon so alt, dass sie nicht mehr mit Kindern rechnen konnten. Sara lachte still in sich hinein und sagte: Soll ich wirklich noch Kinder bekommen, obwohl ich so alt bin? Soll ich noch das Glück erfahren, Mutter zu werden? Mein Mann ist doch auch schon sehr alt. Die Männer sagten zu Abraham: Warum lacht Sara und sagt: Soll ich wirklich noch Kinder bekommen, obwohl ich so alt bin? Ist denn bei Gott etwas unmöglich?

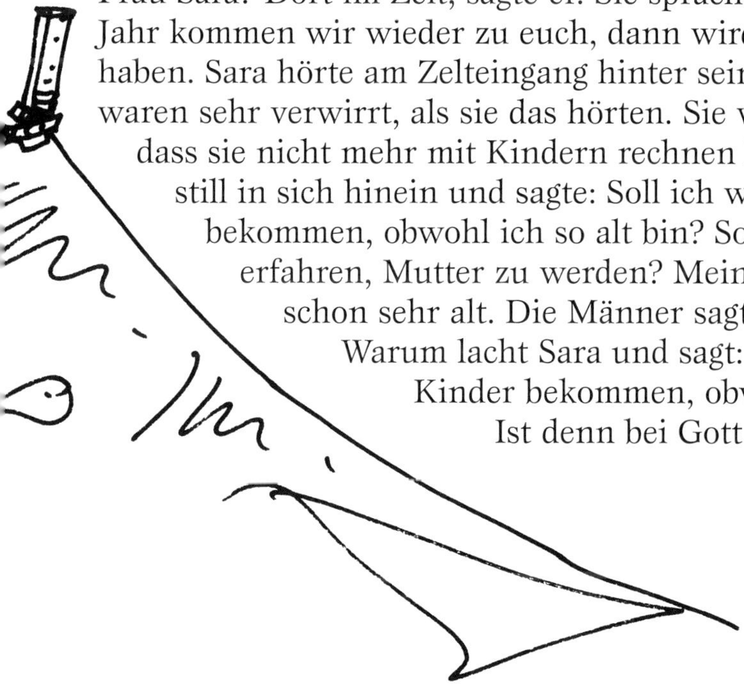

Aus Furcht antwortete Sara ihnen: Ich habe nicht gelacht.
Die Männer aber sagten: Doch, du hast gelacht.
Sie erhoben sich von ihrem Platz und
schauten sich um.
Abraham ging, um sie zu verabschieden.
Ob es wohl wahr würde, was Gott
versprochen hatte?

Esau und Jakob

Der Wunsch Abrahams und Saras wurde wahr: Sie bekamen einen Sohn. Sie nannten ihn Isaak, das heißt: „Gott ließ mich lachen". Isaak heiratete später Rebekka. Sie bekamen Zwillinge: Esau und Jakob. Von ihnen handeln die folgenden Geschichten.

Jakob erschleicht Isaaks Segen

Isaak gewann seine Frau Rebekka lieb. Doch lange blieben sie ohne Kinder. Endlich wurden ihnen Zwillingssöhne geschenkt. Esau, der erste der beiden, war rötlich und über und über mit Haaren bedeckt wie mit einem Fell. Der zweite hielt Esau bei der Geburt an der Ferse fest. Deshalb nannte man ihn Jakob, das heißt „Fersenhalter".

Die beiden Jungen wuchsen heran. Esau streifte gerne auf dem freien Feld herum; er wurde Jäger. Isaak mochte ihn besonders, denn er aß gern Wildbraten. Jakob dagegen machte sich lieber bei den Zelten nützlich. Darum liebte ihn seine Mutter Rebekka besonders.

Isaak war schon alt. Seine Augen waren immer schwächer geworden und jetzt konnte er gar nichts mehr sehen. Eines Tages rief er seinen älteren Sohn Esau und sagte zu ihm: Du siehst, ich bin alt geworden. Ich weiß nicht, wann ich sterbe. Geh jetzt aufs Feld und jage mir ein Wild! Dann bereite mir ein leckeres Mahl, wie ich es gern habe, und bringe es mir zum Essen! Bevor ich sterbe, will ich dich segnen, damit du einmal viele Kinder bekommst und sich deine Viehherden gut vermehren.

Rebekka hatte das Gespräch belauscht. Sie lief zu Jakob und erzählte ihm alles. Dann sagte sie: Schnell, hol mir zwei schöne Ziegenböckchen! Ich will ein leckeres Mahl für deinen Vater bereiten. Du bringst es ihm dann zum Essen, damit er dich vor seinem Tod segnet und nicht deinen Bruder Esau. Jakob entgegnete seiner Mutter: Mein Bruder ist behaart und ich habe eine glatte Haut. Wenn mein Vater mich betastet, könnte er meinen, ich machte mich über ihn lustig. Er würde zornig werden und mich verfluchen statt segnen. Seine Mutter antwortete: Das lass meine Sorge sein, ich nehme den Fluch auf mich, mein Sohn. Da ging Jakob hin, brachte die Ziegenböckchen und Rebekka bereitete ein leckeres Mahl. Dann holte sie die Festtagskleider Esaus und zog sie ihrem jüngeren Sohn Jakob an. Die Felle der Ziegenböckchen legte sie ihm um seine Hände und um seinen glatten Hals.
So ging Jakob zu seinem Vater hinein und sagte: Mein Vater! Er antwortete: Wer bist du, mein Sohn? Jakob entgegnete: Ich bin Esau, dein Erstgeborener. Setz dich nun auf, iss von dem Wildbraten und dann segne mich! Da sagte Isaak erstaunt: Wie hast du so schnell etwas finden können, mein Sohn? Der entgegnete: Gott hat es mir entgegenlaufen lassen. Darauf sagte Isaak zu Jakob: Komm näher heran! Ich will dich betasten, ob du wirklich mein Sohn Esau bist. Jakob trat zu seinem Vater. Isaak betastete ihn und sagte: Zwar ist die Stimme Jakobs Stimme, die Hände aber sind Esaus Hände. Isaak aß von dem Braten, den Jakob ihm gebracht hatte, und trank von dem Wein, den er ihm reichte. Dann sagte er zu Jakob: Komm näher heran und küss mich, mein Sohn! Jakob trat näher und küsste ihn. Da roch Isaak den Duft der Kleider Esaus, er segnete Jakob und sagte: Gott schenke dir vom Tau des Himmels und vom Fett der Erde,

er schenke dir Korn und Wein in Überfluss. Er möge dich segnen und reich machen.
Kaum hatte Isaak Jakob gesegnet und kaum war Jakob weggegangen, kam sein Bruder Esau vom Feld. Auch er bereitete ein leckeres Mahl, brachte es seinem Vater und sagte ihm: Mein Vater, richte dich auf und iss, damit du mich segnen kannst! Da fragte ihn sein Vater erstaunt: Wer bist du? Er antwortete: Ich bin dein Sohn Esau, dein Erstgeborener. Da überkam Isaak ein heftiges Zittern und er fragte: Wer war es denn, der mir vor dir zum Essen gebracht hat? Ich habe ihn gesegnet und gesegnet wird er auch bleiben. Als Esau die Worte seines Vaters hörte, schrie er heftig auf, war aufs Äußerste verbittert und bat: Segne auch mich, Vater! Der aber erwiderte: Dein Bruder hat dir den Segen mit List weggenommen. Da begann Esau laut zu weinen: Segne doch auch mich, Vater! Und Isaak segnete auch ihn: Fern vom Fett der Erde und vom Tau des Himmels wirst du wohnen. Von deinem Schwert wirst du leben. Deinem Bruder wirst du dienen. Doch eines Tages wirst auch du frei sein.

Jakob träumt von der Himmelsleiter

Jakob hatte erreicht, was er wollte. Doch von diesem Tag an hasste ihn sein Bruder Esau. Düstere Gedanken gingen ihm durch den Kopf: Wenn Vater einmal tot ist, dann werde ich Jakob umbringen.
Rebekka spürte, was in Esau vorging. Sie ließ Jakob zu sich rufen und drängte ihn: Schnell, du musst fliehen, denn Esau will sich an dir rächen. Geh weit weg, zu meinem Bruder Laban nach Haran. Bleib dort einige Jahre, bis sich der Zorn deines Bruders gelegt hat.

So musste Jakob seine Heimat verlassen, seine Freunde, seine Verwandten. So machte er sich auf den Weg und wanderte einen ganzen Tag, bis die Sonne unterging. Da suchte er sich einen Platz zum Schlafen und fand einen Stein, auf den er seinen Kopf legen konnte. Dann schlief er ein.
Da hatte er einen Traum: Er sah eine Leiter, die bis zum Himmel reichte. Auf der Leiter stiegen Engel, die Boten Gottes, auf und nieder. Und er hörte Gottes Stimme, die sagte: Ich bin der Gott deines Großvaters Abraham und der Gott deines Vaters Isaak. Ich bin auch dein Gott. Ich werde mit dir sein, ich werde dich beschützen, wohin du auch gehst. Ich werde dich in dieses Land sicher zurückbringen. Dir und deinen Kindern und ihren Nachkommen wird dieses Land gehören. Du wirst viele Kinder haben, ihr werdet ein großes Volk. Ich werde dich nicht verlassen. Ich werde halten, was ich dir versprochen habe.
Jakob wachte auf. Ein Schauer überkam ihn: Hier ist Gott und ich wusste es nicht! Hier ist Gottes Haus, hier ist das Tor zum Himmel, hier an diesem einsamen Ort! Er stand auf, nahm den Stein, auf dem sein Kopf gelegen hatte, stellte ihn als Denkmal auf und gab dem Ort den Namen: Bet-El, Haus Gottes. Und Jakob legte ein feierliches Versprechen ab: Wenn Gott wirklich mit mir ist, mich behütet, mich wohlbehalten in das Haus meines Vaters heimkehren lässt, dann will ich aus diesem Stein ein Gotteshaus bauen.

Jakob kämpft mit Gott

Viele Jahre hatte Jakob bei seinem Onkel Laban Schafe und Ziegen gehütet. Die Herden hatten sich gut vermehrt. Nun war Jakob reich. Er hatte zwei der Töchter Labans zu Frauen genommen und mit ihnen zwölf Söhne bekommen. Jakob und Laban kamen immer schlechter miteinander aus. Jakob hatte seinen Onkel oft betrogen und war auch von ihm oft betrogen worden. So nahm er eines Tages seine Frauen und Kinder und seine Herden und machte sich auf den Rückweg in seine Heimat.
Der Weg führte ihn durch eine dunkle Schlucht und an einen Fluss. Als er den Fluss überschreiten wollte, wurde ihm ganz unheimlich zu Mute und es überkam ihn große Angst: Wird mein Bruder Esau sich mit mir versöhnen oder will er mich noch immer umbringen? Jakob half seinen Herden, den Frauen und Kindern über den Fluss. Als er allein als Letzter den Fluss überqueren wollte, stellte sich ihm ein Mann in den Weg, ein Unbekannter, der ihn nicht vorbei lassen wollte. Jakob musste mit ihm kämpfen, die ganze Nacht. Es war ein langer Ringkampf, bis zum Morgen. Als die Morgenröte aufstieg, sagte der Unbekannte: Lass mich los, es wird bald Morgen! Jakob erwiderte: Ich lasse dich nicht los, wenn du mich nicht segnest. Der Unbekannte fragte:

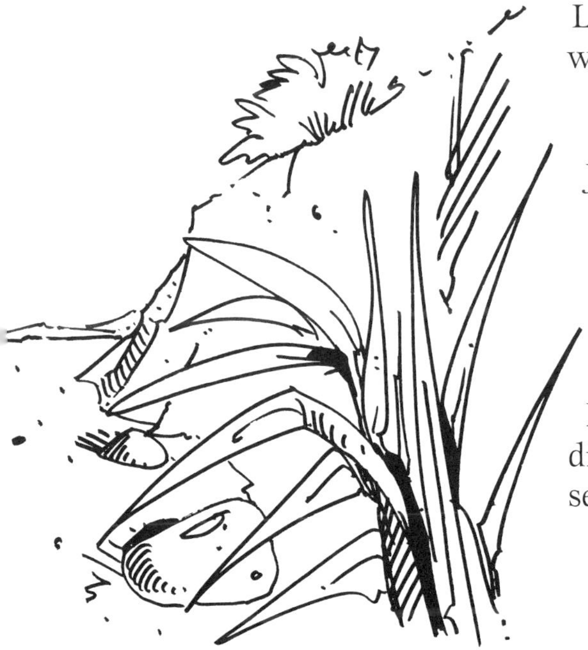

Wie heißt du? Ich heiße Jakob, antwortete er. Da sprach der Unbekannte: Man wird dich nicht mehr Jakob nennen, sondern Israel, „Gottesstreiter“. Denn du hast mit Gott und Menschen gerungen und bist Sieger geblieben. Da fragte Jakob: Nenne mir doch deinen Namen! Der Unbekannte entgegnete: Was fragst du mich nach meinem Namen? Und er segnete ihn. Jakob aber war tief erschüttert. Er sagte: Ich habe Gott von Angesicht zu Angesicht gesehen und bin doch am Leben geblieben! Als die Sonne aufging, ließ der Unbekannte Jakob los. Doch seine Hüfte war ausgerenkt. Jakob hinkte, als er weiterzog.
An diesem Tag traf Jakob auf seinen Bruder Esau. Tief verbeugte er sich vor ihm und warf sich vor ihm nieder. Wird er mir verzeihen, was ich ihm angetan habe? Esau half Jakob vom Boden auf. Tränen der Freude liefen den beiden übers Gesicht. So versöhnten sich Jakob und Esau schließlich und sie lebten friedlich nebeneinander.

Josef und seine Brüder

Jakob ließ sich im Land Kanaan nieder. Er hatte alle seine Söhne gern, Josef aber liebte er am meisten. Er ließ ihm wunderschöne Kleidungsstücke machen. Als seine Brüder das sahen, wurden sie neidisch auf ihn und sprachen nicht mehr mit ihm.
Einmal hatte Josef einen Traum und erzählte ihn seinen Brüdern: Stellt euch vor, ich habe geträumt, dass wir auf einem Feld gemeinsam Getreide ernteten. Jeder von uns band einen Bund Ähren zu einer Garbe zusammen. Meine Garbe stand aufrecht und eure Garben kamen und verneigten sich vor meiner Garbe.
Da wurden die Brüder ärgerlich auf Josef und antworteten böse: Willst du etwa König über uns werden? Und seine Brüder hassten ihn.
Einmal rief Jakob Josef zu sich und sagte: Josef, deine Brüder sind nun schon lange fort mit den Herden. Geh doch und sieh nach, wie es deinen Brüdern und den Tieren geht. Josef zog das schönste Gewand an, das er von seinem Vater bekommen hatte, und ging los.
Seine Brüder sahen ihn schon von weitem. Da kommt ja unser Träumer!, rief einer. Am liebsten hätten sie ihn umgebracht. Sein Bruder Ruben sagte: Wir dürfen ihn nicht töten, aber wir können ihm ja Angst einjagen. Wir werfen ihn einfach in das ausgetrocknete Brunnenloch! Ruben dachte nämlich: Vielleicht kann ich Josef später heimlich befreien und zu unserem Vater zurückbringen. Inzwischen war Josef bei seinen Brüdern angekommen. Da packten sie ihn, zogen ihm sein schönes Gewand aus und warfen ihn in das Brunnenloch.

Als Ruben bei den Herden war, kam eine Karawane von Kaufleuten vorbei, die nach Ägypten zogen. Da holten die anderen Brüder Josef aus dem Brunnenloch und verkauften ihn an die Kaufleute. Dann nahmen sie Josefs Gewand, bespritzten es mit Blut und schickten es ihrem Vater. Als Jakob das blutbeschmierte Kleid sah, rief er voller Schmerz: Das ist Josefs Kleid, ein wildes Tier hat ihn gefressen! Und er trauerte lange um seinen Sohn. Keiner konnte ihn trösten.

Josef wird nach Ägypten verkauft

Die Karawane zog unterdessen mit Josef in die ägyptische Hauptstadt. Dort war auch der Palast des Pharao, der König über Ägypten war. Er hatte an seinem Palast viele gelehrte Männer, die seine Minister und Ratgeber waren. Einer von diesen Männern, er hieß Potifar, kaufte Josef den Kaufleuten ab. Mit Gottes Hilfe glückte Josef alles, was er tat. Er hatte bald das Vertrauen Potifars und durfte dessen ganzes Vermögen verwalten.

Josef war ein schöner junger Mann. Deshalb verliebte sich die Frau Potifars in ihn und sagte zu ihm: Komm, leg' dich zu mir! Aber Josef wollte nicht. Da packte sie ihn am Gewand. Josef konnte sich losreißen und lief aus dem Haus. Potifars Frau aber hielt Josefs Kleid in der Hand und war wütend darüber, dass Josef ihr nicht gehorcht hatte. Sie schrie laut, und als Potifar nach Hause kam, erzählte sie, dass Josef sich in ihr Bett legen wollte. Potifar glaubte ihr und ließ Josef verhaften und ins Gefängnis werfen.
Aber Gott half Josef auch im Gefängnis. So gewann Josef bald das Vertrauen des Gefängnisleiters. Vielen wichtigen Männern, die im Gefängnis saßen, konnte er die Träume deuten.

Josef deutet die Träume des Pharao

Eines Nachts wachte der Pharao, der König von Ägypten, schweißgebadet auf. Er hatte geträumt, dass er am Nil stand, dem größten Fluss in Ägypten. Aus dem Nil stiegen zuerst sieben fette Kühe, dann aber sieben magere Kühe. Die sieben mageren Kühe fielen über die fetten her und fraßen sie auf.
Dann träumte der Pharao noch einen zweiten Traum: Er sah eine wunderschöne Getreideähre: An einem einzigen Stiel waren sieben Ähren versammelt, prall und schön. Daneben wuchsen sieben vertrocknete Ähren. Die kümmerlichen Ähren verschlangen die sieben vollen Ähren.
Am nächsten Morgen fühlte der Pharao sich beunruhigt: Was mögen meine Träume wohl bedeuten? Und er ließ alle Wahrsager und Weisen seines Landes zu sich rufen. Er erzählte ihnen seine Träume, doch keiner konnte sie ihm erklären. Da erinnerte sich der Mundschenk des Pharao an Josef, der ihm einmal im Gefängnis einen Traum erklärt hatte. Das erzählte er dem Pharao.

Sofort ließ der Pharao Josef rufen. Er sagte zu ihm: Niemand kann meine Träume deuten. Aber mein Mundschenk hat mir erzählt, dass du es vielleicht kannst. Und er erzählte Josef seine beiden Träume.
Da sagte Josef: Mit beiden Träumen will dir Gott das Gleiche sagen: Die sieben fetten Kühe und die sieben saftigen Ähren bedeuten sieben gute Jahre, in denen die Bauern in Ägypten viel ernten werden und ihre Rinder fett werden. Die sieben mageren Kühe und die sieben trockenen Ähren bedeuten sieben Jahre, in denen es eine Hungersnot geben wird. Alle Vorräte aus den vorherigen Jahren werdet ihr in dieser Zeit aufessen. Josef fuhr fort: Wenn ich euch einen Rat geben darf, so baut große Vorratshäuser. Alle Leute sollen in den guten Jahren den fünften Teil ihrer Ernte dort abliefern. Wenn die Hungersnot kommt, habt ihr so viele Vorräte, dass das Land nicht an Hunger zu Grunde gehen wird.

Der Pharao macht Josef zu seinem Stellvertreter

Dem Pharao und allen Hofleuten gefiel Josefs Rede. Sie spürten, dass der Geist Gottes in Josef wohnte. Und der Pharao nahm seinen Siegelring vom Finger und gab ihn Josef und sagte:
Du sollst von jetzt an mein Stellvertreter sein. Alle sollen dir gehorchen wie mir.
Und es geschah, wie Josef es vorausgesagt hatte. Zuerst kamen sieben Jahre des Überflusses und danach sieben Jahre Hungersnot. Josef ließ die Vorratsspeicher öffnen und verkaufte Getreide an alle Ägypter, die zu ihm kamen. Auch aus den umliegenden Ländern, in denen ebenfalls Hunger herrschte, kamen die Menschen zu Josef, um Getreide zu kaufen.

Auch die Brüder Josefs und sein Vater Jakob litten Hunger. Jakob hatte erfahren, dass es in Ägypten Getreide zu kaufen gab. Er schickte seine Söhne dorthin. Nur Benjamin, sein jüngster Sohn, sollte bei ihm bleiben, denn er befürchtete, es könnte ihm ein ähnliches Unglück zustoßen wie damals Josef.

Die Brüder kaufen bei Josef Getreide

Die Brüder machten sich auf den Weg und kamen wohlbehalten in Ägypten an. Und die Brüder kamen zu Josef, der das Getreide verkaufte. Doch sie erkannten ihn nicht, weil er wie ein Ägypter gekleidet war. Josef aber erkannte sie sofort.
Er fragte sie mit barscher Stimme: Woher kommt ihr? Aus Kanaan, um Getreide zu kaufen, antworteten sie. Aus Kanaan? Ihr seid wohl Spione und wollt unser Land auskundschaften!, entgegnete Josef. Da sagten sie: Nein, wir sind zwölf Brüder und leben mit unserem Vater in Kanaan. Der jüngste ist zu Hause beim Vater geblieben und einer ist nicht mehr bei uns. Da befahl Josef: Werft sie ins Gefängnis! Ich werde das überprüfen, was sie gesagt haben.

Nachdem sie drei Tage im Gefängnis waren, ließ Josef sie wieder zu sich bringen und sagte zu ihnen: Wenn ihr tut, was ich euch jetzt sage, werdet ihr am Leben bleiben: Einer von euch bleibt hier im Gefängnis. Ihr anderen aber geht heim und bringt das Getreide euren Familien, damit sie nicht verhungern. Bringt dann euren jüngsten Bruder zu mir, damit ich sehe, ob ihr die Wahrheit gesagt habt. Dann müsst ihr nicht sterben.
Da sagte Ruben zu seinen Brüdern: Das ist die Strafe für das, was wir damals Josef angetan haben. Habe ich euch damals nicht gesagt, ihr sollt dem Kind nichts antun? Josef hörte alles mit an und musste weinen. Er drehte sich aber um, damit seine Brüder die Tränen nicht sehen konnten.
Die Brüder Josefs kehrten heim - ohne Simeon, der als Pfand in Ägypten bleiben musste. Sie erzählten ihrem Vater die ganze Geschichte. Jakob aber wollte Benjamin nicht mit ihnen nach Ägypten lassen.
Nach einiger Zeit aber war das Getreide aufgezehrt. Der Hunger lastete wieder schwer auf ihnen. Da sagte Jakob zu seinen Söhnen: Geht noch einmal nach Ägypten und kauft uns etwas Brotgetreide! Aber Juda antwortete: Wir können nur Getreide bekommen, wenn wir Benjamin mitbringen. Ich verspreche dir, ich werde ihn beschützen. Da gab Jakob nach.
So machten sich die Brüder zum zweiten Mal auf den Weg. In Ägypten angekommen, traten sie vor Josef hin. Als Josef Benjamin sah, sagte er zu seinem Verwalter: Führe die Männer in mein Haus, sie werden mit mir essen. Die Brüder fürchteten sich und dachten, sie würden abermals ins Gefängnis geworfen.

Als Josef in den Raum trat, fielen alle vor ihm auf den Boden und überreichten ihm ein Geschenk. Josef zeigte auf Benjamin: Das ist wohl euer jüngster Bruder, sagte er. Dann konnte er nicht mehr weiterreden, weil er wieder weinen musste. Schnell ging er in einen Nebenraum. Dort wusch er sich das Gesicht und kehrte zurück. Tragt das Essen auf!, befahl er den Dienern. Benjamin durfte neben Josef sitzen. Dieser aber trank aus einem silbernen Becher.

Nach dem Essen ließ Josef ihre Säcke mit Getreide füllen. In den Sack von Benjamin aber ließ er zuoberst den silbernen Becher legen.

Am anderen Morgen beluden die Brüder ihre Esel mit den Säcken und verließen die Stadt. Sie waren noch nicht weit gekommen, da holte sie der Hausverwalter Josefs ein. Ihr habt Gutes mit Bösem vergolten, rief er, warum habt ihr den Silberbecher meines Herrn gestohlen?

Sie antworteten ihm: Nie würden wir so etwas tun. Öffne doch unsere Säcke und sieh selbst nach. Bei welchem von uns du den Becher findest, der soll sterben.
Jeder der Brüder stellte seinen Sack auf den Boden und öffnete ihn. Der Becher aber war im Sack von Benjamin. Die Brüder waren entsetzt. Sie zerrissen ihre Kleider. Dann beluden sie ihre Esel wieder und kehrten in die Stadt zurück. Sie kamen in Josefs Haus und fielen vor ihm auf die Erde nieder. Josef sagte zu ihnen: Was habt ihr getan? Wusstet ihr nicht, dass ein Mann wie ich wahrsagen kann? Juda antwortete ihm: Was sollen wir sagen? Gott hat unsere Schuld ans Licht gebracht. Mach mit uns, was du willst, wir sind deine Sklaven.
Doch Josef antwortete: Nur der, bei dem der Becher gefunden wurde, soll mein Sklave sein. Ihr anderen aber zieht in Frieden zurück zu eurem Vater!
Da sagte Juda: Herr, unser alter Vater würde vor Kummer sterben, denn er liebt ihn besonders. Darum nehmt mich anstelle des Jüngsten, ich will hierbleiben und euer Sklave werden.

Josef gibt sich zu erkennen

Da konnte sich Josef nicht mehr halten, schickte alle Ägypter aus dem Raum und begann zu weinen. Dann sagte er zu seinen Brüdern: Ich bin Josef. Lebt unser Vater noch?
Seine Brüder standen fassungslos vor ihm. Sie verstanden nichts mehr. Kommt doch näher!, sagte Josef. Schaut mich an: Ich bin Josef, den ihr nach Ägypten verkauft habt. Aber ihr braucht euch nicht zu fürchten. Denn Gott hat mich hierher geschickt, um viele Menschen, auch euch, vor dem Hungertod zu retten. Josef umarmte alle Brüder, vor allem Benjamin. Dann erzählten sie sich alles, was in den Jahren geschehen war, in denen sie sich nicht gesehen hatten.
Josef beschenkte seine Brüder reich und bat sie, noch einmal heimzuziehen, um auch seinen Vater zu holen. Dieser wollte die Geschichte, die ihm die Brüder erzählten, zuerst nicht glauben: Josef lebt?, sagte er ungläubig. Dann will ich nach Ägypten gehen und ihn sehen, bevor ich sterbe.
Und Jakob brach auf mit allem, was ihm gehörte. Josef zog seinem Vater entgegen. Sie fielen sich um den Hals und weinten lange vor Freude. Der Pharao lud Jakob und seine Söhne in seinen Palast ein und schenkte ihnen Land. Dort lebten sie glücklich mit ihren Familien. Jakob segnete alle seine Kinder und die vielen Enkelkinder. Er starb in hohem Alter und wurde in Kanaan begraben.

Die Israeliten fliehen aus Ägypten

Die Erzählungen um Abraham, Isaak, Esau, Jakob und Josef sind Familiengeschichten. Mit Jakob, der dann Israel genannt wird, taucht zugleich der Name eines Volkes auf, das in der Folgezeit eine große Rolle spielte: die Israeliten. Sie wuchsen erst langsam zu einem Volk heran. Eine wichtige Erfahrung war dabei der Auszug aus Ägypten.

Viele Jahre lebten die Israeliten im Lande Ägypten. Sie vermehrten sich und bevölkerten das Land. Da kam in Ägypten ein neuer Pharao an die Macht, der Josef nicht gekannt hatte. Er sagte zu seinem Volk: Seht nur, das Volk der Israeliten ist größer und stärker als wir. Gebt Acht! Wir müssen überlegen, was wir gegen sie tun können. Da setzte man Aufseher über sie ein, um sie durch schwere Arbeit unter Druck zu setzen. Sie mussten für den Pharao die Städte Pitom und Ramses als Vorratslager bauen.

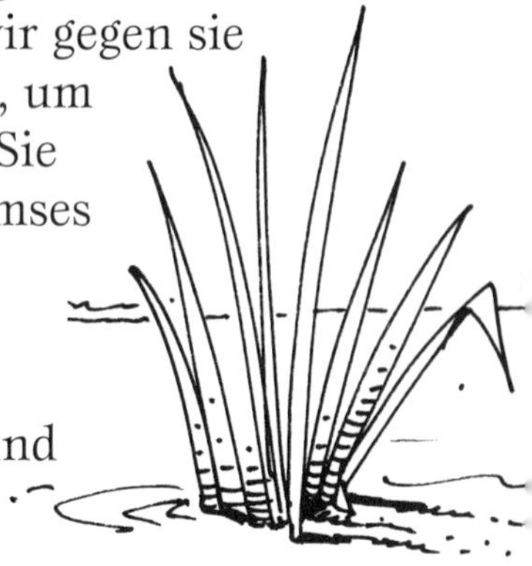

Die Ägypter gingen hart gegen die Israeliten vor und machten sie zu Sklaven. Sie machten ihnen das Leben schwer durch harte Arbeit mit Lehm und Ziegeln und durch alle möglichen Arbeiten auf den Feldern. Doch je mehr man sie unterdrückte, um so stärker vermehrten sie sich und breiteten sie sich aus. Daher gab der Pharao seinem ganzen Volk den Befehl: Alle Söhne, die den Israeliten geboren werden, werft in den Nil!

Mose bleibt am Leben

Eine der Israelitinnen wurde schwanger und brachte einen Sohn zur Welt. Sie sah, dass es ein schönes Kind war. Darum verbarg sie es drei Monate lang. Als sie es nicht mehr versteckt halten konnte, nahm sie ein Binsenkästchen, dichtete es mit Pech und Teer ab, legte den Jungen hinein und setzte ihn am Nilufer im Schilf aus. Seine Schwester blieb in der Nähe stehen, um zu sehen, was mit ihm geschehen würde. Die Tochter des Pharao kam herab, um im Nil zu baden. Auf einmal sah sie im Schilf das Kästchen. Als sie es öffnete und hineinsah, lag ein weinendes Kind darin. Sie bekam Mitleid mit ihm und sie sagte: Das ist ein Kind der Israeliten. Da sagte seine Schwester zur Tochter des Pharao: Soll ich zu den Israelitinnen gehen und dir eine Amme rufen, damit sie dir das Kind stillt? Die Tochter des Pharao antwortete ihr: Ja, geh! Das Mädchen ging und rief die Mutter des Jungen herbei.

Die Tochter des Pharao sagte zu ihr: Nimm das Kind mit und still es mir! Ich werde dich dafür entlohnen. Die Frau nahm das Kind zu sich und stillte es. Als der Junge größer geworden war, brachte sie ihn der Tochter des Pharao. Diese nahm ihn als Sohn an und nannte ihn Mose, das heißt: „Der aus dem Wasser Gezogene“.

Mose flieht nach Midian

Die Jahre vergingen und Mose wuchs heran. Eines Tages schaute er bei der Sklavenarbeit zu. Da sah er, wie ein Ägypter einen Israeliten schlug. Mose sah sich nach allen Seiten um, und als er sah, dass sonst niemand da war, erschlug er den Ägypter und verscharrte ihn im Sand. Als er am nächsten Tag wieder hinausging, sah er zwei Israeliten miteinander streiten. Er sagte zu dem, der im Unrecht war: Warum schlägst du deinen Stammesgenossen?
Der Mann erwiderte: Wer hat dich zum Aufseher über uns bestellt? Willst du mich vielleicht auch umbringen, wie du den Ägypter umgebracht hast? Da bekam Mose Angst und sagte: Die Sache ist also bekannt geworden. Und er floh, fort aus Ägypten in das Land Midian, heiratete dort und bekam Kinder. Nach vielen Jahren starb der Pharao von Ägypten. Die Israeliten stöhnten immer noch unter der Sklavenarbeit. Sie klagten sehr, Gott aber hörte sie.

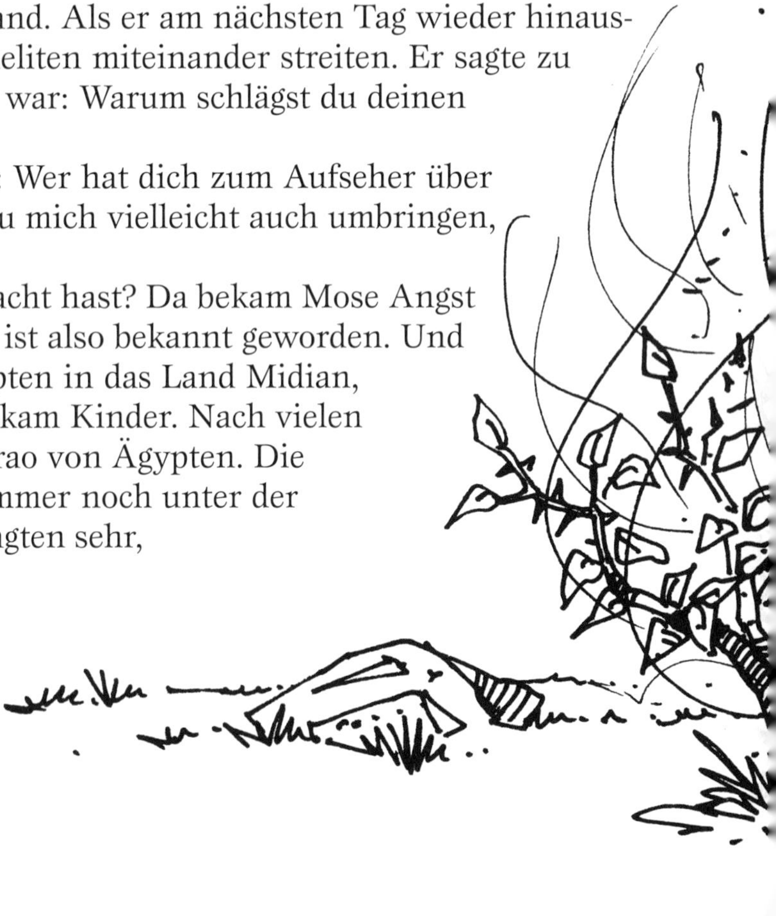

Gott erscheint dem Mose

Mose weidete damals die Schafe und Ziegen seines Schwiegervaters Jitro. Eines Tages trieb er das Vieh weit in die Steppe hinaus. Da sah Mose einen Dornbusch, aus dem Flammen schlugen und der doch nicht verbrannte. Er sprach zu sich: Ich will hingehen und mir das ansehen. Warum verbrennt denn der Dornbusch nicht?
Als Gott sah, dass Mose näher kam, rief er ihm aus dem Dornbusch zu: Komm nicht näher heran! Zieh deine Schuhe aus, denn der Ort, wo du stehst, ist heiliger Boden.
Da zog Mose seine Schuhe aus und warf sich zu Boden. Und Gott sprach: Ich bin da für dich und mein Volk! Ich habe das Elend der Israeliten in Ägypten gesehen. Ihre laute Klage über ihre Antreiber habe ich gehört. Ich kenne ihr Leid. Ich bin gekommen, um sie aus Ägypten zu befreien und in ein schönes, weites Land zu führen. Geh, versammle die Ältesten Israels und sag ihnen: Der Gott eurer Väter, der Gott Abrahams, Isaaks und Jakobs, ist mir erschienen und hat mir gesagt: ‚Ich bin da für euch!' Ich habe nach euch geschaut und habe gesehen, was man euch in Ägypten antut.
Darum habe ich beschlossen, euch aus Ägypten herauszuführen in ein schönes, weites Land. Geh mit den Ältesten Israels zum Pharao von Ägypten. Sagt ihm: Unser Gott ist uns begegnet. Lass uns fortziehen aus deinem Land.
Mose antwortete: Was aber, wenn sie mir nicht glauben? Ich habe doch gar nichts in der Hand.
Gott entgegnete ihm: Was hast du denn da in deiner Hand? Mose sagte: Einen Stab.

Da sagte Gott: Schau einmal, was passiert, wenn du ihn wegwirfst! Mose warf ihn auf die Erde. Da wurde der Stab zu einer Schlange und Mose fürchtete sich vor ihr.
Dann sagte Gott zu Mose. Jetzt pack sie am Schwanz!
Mose packte sie und sie wurde in seiner Hand wieder zu einem Stab.
Doch Mose sagte: Trotzdem kann ich nichts tun!
Da sagte Gott zu ihm: Nur wenn du deine Hände nicht gebrauchst! Versteck deine Hand!
Und Mose legte seine Hand in sein Gewand. Als er sie wieder herauszog, war seine Hand wie verfault.
Dann sagte Gott: Und jetzt zieh deine Hand noch einmal heraus!
Als Mose sie jetzt herauszog, sah sie wieder aus wie vorher.
Doch Mose sagte: Aber gut reden kann ich auch nicht.
Das konnte ich noch nie.
Gott antwortete ihm: Wer hat denn dem Menschen den Mund gegeben? Doch wohl ich, dein Gott! Geh also! Ich werde dir sagen, was du reden sollst.
Doch Mose gab nicht nach und sagte: Bitte, Gott, schick doch einen andern!
Da wurde Gott zornig über Mose und sagte: Hast du nicht einen Bruder, den Aaron? Er kann reden. Sprich mit ihm! Ich werde euch sagen, was ihr tun sollt. Er wird für dich zum Volk reden. Und vergiss deinen Stab nicht!

Darauf kehrte Mose zu seinem Schwiegervater Jitro zurück. Er sagte zu ihm: Ich will zu meinen Leuten nach Ägypten zurückkehren. Jitro antwortete Mose: Geh in Frieden! Und Mose holte seine Frau und seine Kinder und ging zurück nach Ägypten.

Der Pharao will Mose nicht ziehen lassen

Zusammen mit seinem Bruder Aaron trat Mose vor den Pharao und sprach: Lass uns fortziehen aus deinem Land, uns und unser Volk. Wir wollen nur noch unserem Gott dienen. Aber der Pharao weigerte sich und machte die Arbeit für die Israeliten noch schwerer. Es war eine schlimme Plage. Doch je mehr die Ägypter die Israeliten plagten, desto schlimmer wurde es für sie selbst. Gott war nämlich auf Seiten der Israeliten: Erst wurde das Nilwasser ungenießbar und die Fische starben. Dann stiegen Frösche aus dem Nil und bedeckten das ganze Land. Stechmücken kamen und plagten die Ägypter, jedes Haus war voller Ungeziefer. Dann wurde das Vieh krank und starb. So kam eine Plage nach der anderen. Und trotzdem wollte der Pharao die Israeliten nicht ziehen lassen.

Die Israeliten fliehen aus Ägypten

Da sprach Gott zu Mose: Gegen Abend sollen alle Israeliten Lämmer schlachten. Jede Familie soll etwas von dem Blut nehmen und damit die beiden Türpfosten an ihrem Haus bestreichen. Noch in der gleichen Nacht sollen alle ihr Lamm essen. Sie sollen es über dem Feuer braten und zusammen mit ungesäuertem Brot und Bitterkräutern essen. Esst es hastig und seid zum Aufbruch gerüstet: die Schuhe an den Füßen, den Stab in der Hand. In dieser Nacht nämlich müssen alle Erstgeborenen in Ägypten sterben. Ich halte Gericht über Ägypten, ich, euer Gott. Das Blut an den Häusern, in denen ihr wohnt, soll ein Zeichen sein, das euch schützt. So wird euch das vernichtende Unheil nicht treffen. Diesen Tag sollt ihr als Gedenktag begehen. Feiert ihn als Fest zur Ehre Gottes! Für die kommenden Generationen macht euch diese Feier zur festen Regel! Wenn euch eure Söhne fragen: Was bedeutet diese Feier?, dann sagt: Es ist die Passa-Feier, die Feier des „Vorübergehens“. Gott ging nämlich in Ägypten an den Häusern der Israeliten vorüber, als er die Ägypter mit Unheil schlug. Es war Mitternacht, als alle Erstgeborenen in Ägypten starben.
Da standen der Pharao, alle seine Diener und alle Ägypter noch in der Nacht auf und sie schrien, weinten und klagten; es gab kein Haus, in dem nicht ein Toter zu beklagen war. Der Pharao ließ Mose und Aaron rufen und sagte: Los, verlasst mein Volk, ihr beide und die Israeliten! Geht und dient eurem Gott, wie ihr gesagt habt. Als der Pharao das Volk ziehen ließ, führte sie Gott durch die Wüste. Gott zog vor ihnen her, bei Tag in einer Wolkensäule, um ihnen den Weg zu zeigen, bei Nacht in einer Feuersäule, um ihnen zu leuchten. So konnten sie Tag und Nacht unterwegs sein.

Die Wolkensäule wich bei Tag nicht von der Spitze des Volkes, die Feuersäule nicht bei Nacht. So kamen sie bis an das Schilfmeer.

Gott rettet Mose und seine Leute

Als man allerdings dem Pharao meldete, das Volk sei geflohen, änderte er seine Meinung und sagte: Wie konnten wir nur die Israeliten ziehen lassen! Er befahl, die Streitwagen anzuspannen, sechshundert an der Zahl mit je drei Mann Besatzung auf jedem Wagen. So jagten die Ägypter mit allen Pferden und Streitwagen hinter den Israeliten her und holten sie ein, als sie gerade am Schilfmeer rasteten. Als der Pharao sich näherte, blickten sie auf und sahen plötzlich die Ägypter von hinten anrücken. Da erschraken die Israeliten sehr und schrien zu Gott. Zu Mose sagten sie: Warum hast du uns aus Ägypten herausgeführt? Für uns wäre es immer noch besser, Sklaven der Ägypter zu sein, als hier zu sterben. Mose aber sagte zum Volk: Fürchtet euch nicht!
Gott wird uns alle retten.
Gott trieb die ganze Nacht das Meer durch einen starken Ostwind fort. Er ließ das Meer austrocknen. So konnten die Israeliten auf trockenem Boden ins Meer ziehen. Die Ägypter setzten ihnen nach; alle Pferde des Pharao, seine Streitwagen und Reiter zogen hinter ihnen ins Meer hinein.

Gott aber blickte auf die Ägypter und brachte das ganze Heer durcheinander.
Er hemmte die Räder an ihren Wagen und ließ sie nur schwer vorankommen. Da sagten die Ägypter zueinander: Wir müssen vor Israel fliehen; denn ihr Gott kämpft auf ihrer Seite gegen uns.
Doch es war zu spät. Gegen Morgen flutete das Meer an seinen alten Platz zurück und bedeckte Wagen und Reiter, die ganze Streitmacht des Pharao. Nicht ein Einziger von ihnen blieb übrig.
So rettete Gott an jenem Tag die Israeliten aus der Hand der Ägypter. Als die Israeliten sahen, dass Gott sie vor den Ägyptern gerettet hatte, freuten sie sich und glaubten an ihn.
Die Prophetin Mirjam, die Schwester von Mose und Aaron, nahm ihre Pauke in die Hand. Alle Frauen zogen mit Paukenschlag und Tanz hinter ihr her.
Mirjam sang ihnen vor: Singt Gott ein Lied, denn er ist hoch und erhaben! Rosse und Reiter warf er ins Meer.

Die Israeliten ziehen durch die Wüste

Lange wanderten die Israeliten durch die Wüste. Die Zelte waren schwer zu tragen und die Sonne brannte heiß vom Himmel herab. Die Kinder mussten bald getragen werden. Und auch die Erwachsenen waren schon ganz erschöpft. Irgendwann hatten sie nichts mehr zu essen. Da wandten sie sich voller Wut und Angst gegen Mose und Aaron.

Gott sendet Brot vom Himmel

Die Israeliten sagten zu Mose und Aaron: Ihr habt uns nur in diese Wüste geführt, um uns verhungern zu lassen. Da hätte Gott uns doch gleich in Ägypten sterben lassen können, wo es wenigstens genug Fleisch und Brot zu essen gab! Gott hörte das Klagen der Israeliten und sagte zu Mose: Ich will euch jeden Morgen Brot vom Himmel regnen lassen. Das Volk soll hinausgehen und so viel sammeln, wie es für einen Tag braucht. Und am Abend werdet ihr Fleisch zu essen haben. Ihr werdet erkennen, dass ich euer Gott bin, der gut für euch sorgt.
Da sagten Mose und Aaron zu allen Israeliten: Heute Abend sollt ihr erfahren, dass Gott euch aus Ägypten geführt hat und zu euch hält. Er wird euch heute Abend Fleisch zu essen geben und am Morgen wird er euch mit Brot satt machen.
Am Abend ließ sich direkt beim Lager ein Schwarm von Vögeln nieder. Es waren Wachteln, die gebraten sehr gut schmecken.

Und am Morgen lag etwas Feines, Knuspriges auf dem Wüstenboden. Als die Israeliten das sahen, fragten sie: Was ist das? Da sagte Mose zu ihnen: Das ist Manna, das Brot, das Gott euch zu essen gibt. Sammelt davon so viel, wie ihr zum Essen braucht.
Sie sammelten Morgen für Morgen, jeder so viel, wie er zum Essen brauchte. Sobald die Sonnenhitze einsetzte, zerging das Manna.
Am sechsten Tag fanden sie die doppelte Menge. Das erzählten sie Mose. Er sagte zu ihnen: Es ist so, wie Gott gesagt hat: Morgen ist Ruhetag zur Ehre Gottes. Backt, was ihr backen wollt, und kocht, was ihr kochen wollt. Den Rest bewahrt bis morgen früh auf. Sie bewahrten es bis zum Morgen auf, wie es Mose angeordnet hatte.
Da sagte Mose: Esst es heute, denn heute ist Ruhetag zur Ehre Gottes. Heute habt ihr, was zum Essen nötig ist; ihr braucht nicht zu sammeln, denn heute findet ihr draußen nichts. Sechs Tage dürft ihr es sammeln, am siebten Tag ist Ruhetag, da findet ihr nichts.
Gott hat euch den Ruhetag gegeben. Daher gibt er auch am sechsten Tag Brot für zwei Tage. Am siebten Tag verlasse niemand seinen Platz. Die Israeliten ruhten also am siebten Tag.
So lebten die Israeliten vierzig Jahre lang von Manna, bis sie in bewohntes Land kamen.

Mose schlägt Wasser aus dem Felsen

Immer weiter zogen die Israeliten in der Wüste umher, von einem Rastplatz zum andern. Als sie wieder einmal kein Wasser zum Trinken fanden, gerieten sie schon wieder mit Mose in Streit. Sie sagten: Gib uns Wasser zu trinken! Warum hast du uns überhaupt aus Ägypten hierher geführt? Etwa um uns allesamt mit unserem Vieh verdursten zu lassen? Mose aber antwortete: Was streitet ihr mit mir? Und warum zweifelt ihr daran, dass Gott euch führt? Mose hatte aber selbst Zweifel und rief zu Gott: Was soll ich bloß mit diesem Volk anfangen? Es dauert nicht mehr lange und sie werden mich töten. Gott antwortete: Nimm einige von den Ältesten Israels mit. Dort auf dem Felsen am Berg werde ich vor dir stehen. Dann schlage mit dem Stab an den Felsen! Es wird Wasser herauskommen und das Volk kann trinken. Mose schlug an den Felsen und das Wasser strömte heraus.
Mose nannte den Ort „Streit und Zweifel“, weil die Israeliten Streit begonnen und an Gott gezweifelt hatten: Ist Gott in unserer Mitte oder nicht?

Gott gibt Israel die Zehn Gebote

Immer weiter waren die Israeliten durch die Wüste gezogen. Sie hatten erfahren, dass Gott sie führte und ihnen das gab, was sie zum Überleben brauchten. Nun lagerten sie am Fuß großer Berge mitten in der Wüste Sinai. Zu essen und zu trinken hatten sie genug. Mose sagte, dass Gott ihnen an diesem Ort etwas ganz Besonderes geben wolle. Es sei etwas, das ihnen den Weg in ein schönes und friedliches Leben zeige. Sie sollten es sorgfältig bewahren...

Gott rief Mose vom Berg her zu: Das sollst du den Israeliten sagen: Ihr habt gesehen, wie ich euch auf Adlerflügeln getragen und bis hierher gebracht habe. Jetzt aber, wenn ihr auf meine Stimme hört und euch ganz auf mich verlasst, werdet ihr unter allen Völkern einen besonderen Auftrag erhalten. Mir gehört die ganze Erde. Ihr aber sollt mein heiliges Volk sein. Sagt den Israeliten, sie sollen ihre Kleider waschen und sich für den dritten Tag bereit halten. Am dritten Tag nämlich werde ich vor den Augen des ganzen Volkes auf den Berg Sinai herabsteigen. Niemand außer dir, Mose, darf auf den Berg steigen. Sonst muss er sterben.
Am dritten Tag standen die Israeliten vor dem Berg Sinai. Der ganze Berg war in Rauch gehüllt und bebte gewaltig.

Den Israeliten war es, als hörten sie den Klang von vielen Hörnern. Dann sagte Gott zu Mose: Sage zu den Israeliten: Ich bin euer Gott, der euch aus Ägypten herausgeführt hat. Und das sind die zehn Lebensregeln, die ich euch gebe: Ich habe euch aus der Sklaverei befreit. Darum braucht ihr neben mir keine anderen Götter haben. Versucht nicht, ein Bild von mir anzufertigen, das aussieht wie irgend etwas am Himmel oben, auf der Erde unten oder im Wasser. Macht euch nicht abhängig von solchen Götterbildern. Denn ich bin Gott, ich allein. Missbraucht meinen Namen nicht und sprecht ihn nicht gedankenlos aus.
Denkt an den Ruhetag, haltet ihn heilig! Sechs Tage könnt ihr

arbeiten. Am siebten Tag ist Ruhetag, er ist Gott geweiht. An ihm sollt ihr keine Arbeit tun: ihr nicht und auch nicht eure Kinder und auch nicht eure Diener und auch nicht eure Tiere und auch nicht Fremde, die gerade bei euch wohnen. Denn in sechs Tagen hat Gott Himmel, Erde und Meer gemacht. Am siebten Tag aber ruhte er. Darum hat Gott den Ruhetag besonders gesegnet.

Ehre deinen Vater und deine Mutter und sorge für sie, damit
auch du lange in dem Land lebst, das Gott dir gibt.
Du sollst niemanden ermorden.
Bleibe deiner Frau oder deinem Mann treu und zerstöre nicht
die Liebe anderer Menschen.
Du sollst nicht stehlen.
Du sollst vor Gericht nicht falsch gegen andere Menschen aussagen.
Verlange nicht nach dem Besitz deines Nächsten.

Mose überbrachte den Israeliten diese Weisungen Gottes.
Er sagte: Achtet darauf, dass ihr handelt, wie es Gott euch gesagt hat. Dann wird es euch gut gehen und ihr werdet lange leben in dem Land, in das ich euch führen werde.

Richter und Könige führen Israel

Nachdem Mose gestorben war, übernahm sein Begleiter Josua die Führung der Stämme Israels. Sie kamen in das „gelobte Land". Es war schwierig, sich dort niederzulassen, weil schon Menschen in dieser Gegend lebten. Sie hatten zum Teil bessere Waffen und Soldaten als die Israeliten. Häufig kam es zu Streit, ja sogar zu Kämpfen und Kriegen mit den Einwohnern, aber auch untereinander. Langsam vermischten sich die Israeliten mit den Bewohnern des Landes, verdrängten sie oder versuchten sich über die Aufteilung von Gebieten zu einigen. Eine besonders bekannte Erzählung über diese Zeit der Besiedlung des „gelobten Landes" ist die von der wundersamen Eroberung Jerichos: Die Stadtmauern Jerichos stürzten ein, nachdem die Israeliten mehrfach um sie herumgezogen waren.
Immer wenn die Israeliten angegriffen wurden, übernahm ein Einzelner die Führung. Diese Leute nannte man „Richter". Bekannte Richter sind: Debora (die zugleich eine Prophetin war) und Barak, Abimelech, Gideon, Simson und Samuel.
Im Laufe der Zeit merkten die Israeliten, dass sie selbst eigentlich noch nicht richtig zusammengefunden hatten. Jeder Stamm hatte seine eigenen Interessen, es gab zu wenig Einigkeit untereinander. Sie hatten z. B. noch kein gemeinsames Heer und waren darum den Einwohnern des Landes häufig unterlegen. Immer mehr sehnten sich die Stämme Israels nach Sicherheit. So kam bei ihnen der Wunsch nach einem König auf, wie er bei den anderen Völkern üblich war.

Saul wurde erster König in Israel. Schon bald aber zeigte sich, dass er nicht alle Erwartungen erfüllte. Weder die Leute noch Gott waren mit ihm richtig zufrieden. Und eigentlich musste das ja auch so kommen. Denn: Wo Gott König ist, braucht es keinen anderen König. Und wenn es doch einen solchen König gibt, dann hätten alle wenigstens wissen müssen: Der eigentliche König in Israel ist und bleibt Gott.
Kein König in Israel hat wirklich die in ihn gesetzten Erwartungen erfüllt, weder Saul noch David noch Salomo. Mit dem König David verknüpfen sich die Hoffnungen auf einen König, der Frieden bringt, am meisten. Er hat Israel bedeutsam gemacht. Zwar war auch er ein Mensch mit Fehlern und hat manchem Schaden zugefügt. Aber er war doch noch einer der besten Könige, so dass die Leute immer wieder hofften: Es wird noch einmal ein solcher König kommen.
Angefangen hatte die Geschichte des Königs David mit einem überraschenden Besuch.

Samuel salbt David zum König

Gott sagte zu dem Richter Samuel: Nimm Öl und mach dich auf den Weg! Ich schicke dich zu Isai in Betlehem. Denn ich habe mir einen von seinen Söhnen als König ausgesucht. Samuel antwortete: Wie kann ich da einfach hingehen? Wenn König Saul das erfährt, wird er mich töten. Da sagte Gott: Nimm ein junges Rind mit und sag: Ich bin gekommen, um Gott ein Tieropfer darzubringen, wie es bei uns üblich ist. Lade Isai dazu ein. Ich werde dir dann zeigen, wen du zum König salben sollst. Samuel lud Isai und die Ältesten von Betlehem zum Opfer ein. Als sie kamen und er den Eliab, den ältesten von Isais Söhnen, sah, dachte er: Sicher soll er König

werden. Gott aber sagte zu Samuel: Sieh nicht auf seine äußere Gestalt. Ich sehe nämlich nicht auf das, worauf der Mensch sieht. Ich sehe auf das Herz.
Nun rief Isai den Abinadab und brachte ihn zu Samuel. Dieser sagte: Auch ihn hat Gott nicht erwählt. Isai ließ Schima kommen. Samuel sagte: Auch ihn hat Gott nicht erwählt. So ließ Isai sieben seiner Söhne kommen. Aber Samuel sagte zu Isai: Diese hat Gott nicht erwählt. Und er fragte Isai: Sind das alle Söhne von dir? Er antwortete: Der jüngste fehlt noch, aber der hütet gerade die Schafe. Samuel sagte zu Isai: Lass ihn holen. Isai ließ ihn kommen. David war blond, hatte schöne Augen und eine schöne Gestalt. Da sagte Gott: Salbe ihn zum König! Denn er ist es. Samuel nahm das Öl und salbte David im Kreis seiner Brüder. Von diesem Tag an war Gottes Geist mit David.

Wie bei allen wichtigen Leuten der Weltgeschichte gibt es auch über David Überlieferungen, die die Vorzüge seiner Person herausstreichen. Schon als Kind soll er Herausragendes getan haben. Eine solche Erzählung ist die sehr bekannte vom Kampf Davids gegen Goliat. Sicher ist: David war später ein erfolgreicher Feldherr und König.

David besiegt Goliat

Die Philister zogen ihre Truppen zum Kampf zusammen. Auch Saul und die Männer Israels sammelten sich. Sie schlugen ihr Lager im Terebinthental auf und traten zum Kampf gegen die Philister an. Die Philister standen an dem Berg auf der einen Seite, die Israeliten an dem Berg auf der anderen Seite. Zwischen ihnen lag das Tal.
Da trat aus dem Lager der Philister ein Kämpfer namens Goliat aus Gat hervor. Er war riesengroß. Auf seinem Kopf hatte er einen Helm aus Bronze und er trug einen schweren Schuppenpanzer aus Bronze. Er hatte bronzene Schienen an den Beinen und zwischen seinen Schultern hing ein Sichelschwert aus Bronze. Sein Schildträger ging vor ihm her.
Goliat trat vor und rief zu den Reihen der Israeliten hinüber: Warum seid ihr ausgezogen und habt euch zum Kampf aufgestellt? Bin ich nicht ein Philister und seid ihr nicht Knechte Sauls? Wählt euch einen Mann aus! Er soll zu mir herunterkommen. Wenn er mich im Kampf erschlagen kann, wollen wir eure Knechte sein. Wenn ich ihm aber überlegen bin und ihn erschlage, dann sollt ihr unsere Knechte sein und uns dienen. Als Saul und ganz Israel diese Worte des Philisters hörten, erschraken sie und hatten große Angst. Der Philister kam jeden Morgen und jeden Abend und stellte sich kampfbereit hin - vierzig Tage lang.
Zur Zeit Sauls war Isai, der Vater Davids, schon alt. Die drei ältesten Söhne Isais waren zusammen mit Saul in den Krieg gezogen. David, der jüngste, kehrte öfters vom Hof Sauls nach Betlehem zurück, um die Schafe seines Vaters zu hüten.
Eines Tages sagte Isai zu seinem Sohn David: Nimm für deine Brüder geröstetes Korn und zehn Brote und lauf damit zu ihnen ins Lager. Sieh nach, ob es deinen Brüdern gut geht, und lass dir

ein Pfand als Lebenszeichen von ihnen geben! David brach am Morgen auf, überließ die Herde einem Wächter, lud die Sachen auf und ging, wie es ihm Isai befohlen hatte. Als er in das Terebinthental kam, rückte das Heer gerade zum Kampf aus.
David legte das Gepäck ab. Er eilte zu seinen Brüdern und fragte, wie es ihnen gehe. Während er noch redete, trat gerade aus den Reihen der Philister Goliat hervor. Er rief wie gewohnt und David hörte es. Als die Israeliten Goliat sahen, hatten sie alle große Angst vor ihm und flohen. Sie sagten: Goliat kommt doch nur, um Israel zu verhöhnen. Wer ihn erschlägt, den wird der König reich machen. Er wird ihm seine Tochter geben und seine Familie wird er von allen Steuern befreien. Auch das hörte David.

Plötzlich ließ Saul David holen. David sagte zu Saul: Niemand soll wegen des Philisters den Mut sinken lassen. Dein Knecht wird hingehen und mit diesem Philister kämpfen. Saul erwiderte ihm: Du kannst nicht zu diesem Philister hingehen, um mit ihm zu kämpfen; du bist zu jung, er aber ist ein Krieger von Jugend an.
Da sagte David zu Saul: Dein Knecht hat für seinen Vater die Schafe gehütet. Wenn ein Löwe oder ein Bär kam und ein Lamm aus der Herde wegschleppte, lief ich hinter ihm her, schlug auf ihn ein und riss das Tier aus seinem Maul. Und wenn er sich dann gegen mich aufrichtete, packte ich ihn an der Mähne und schlug ihn tot. Dein Knecht hat den Löwen und den Bären erschlagen. Diesem Philister soll es genauso ergehen wie ihnen, weil er die Schlachtreihen des lebendigen Gottes verhöhnt hat. Gott, der mich aus der Gewalt des Löwen und des Bären gerettet hat, wird mich auch aus der Gewalt dieses Philisters retten.
Da antwortete Saul David: Geh, Gott sei mit dir. Und Saul zog David seine Rüstung an. Er setzte ihm einen bronzenen Helm auf den Kopf und legte ihm seinen Panzer an. Über die Rüstung hängte er ihm sein Schwert um. David versuchte in der Rüstung zu gehen, aber er war es nicht gewohnt. Darum sagte er zu Saul: Ich kann in diesen Sachen nicht gehen, ich bin nicht daran gewöhnt. Und er legte sie wieder ab, nahm seinen Stock in die Hand, suchte sich fünf glatte Steine aus dem Bach und legte sie in seine Hirtentasche. Die Schleuder in der Hand, ging er auf den Philister zu.
Der Philister kam immer näher an David heran; sein Schildträger schritt vor ihm her. Voll Verachtung blickte der Philister David an. Der Philister sagte zu ihm: Bin ich denn ein Hund, dass du mit einem Stock zu mir kommst? Und er verfluchte David bei seinen Göttern.
Er rief David zu: Komm nur her zu mir, ich werde dein Fleisch

den Vögeln des Himmels und den wilden Tieren zum Fraß geben. David antwortete: Du kommst zu mir mit Schwert, Speer und Sichelschwert, ich aber komme zu dir im Namen des Herrn der Heere, des Gottes der Schlachtreihen Israels, den du verhöhnt hast. Heute wird Gott dich mir ausliefern. Ich werde dich erschlagen. Die Leichen des Heeres der Philister werde ich noch heute den Vögeln des Himmels und den wilden Tieren zum Fraß geben. Alle Welt soll erkennen, dass Israel einen Gott hat. Auch alle, die hier versammelt sind, sollen erkennen, dass Gott nicht durch Schwert und Speer Rettung verschafft. Denn es ist ein Krieg des Herrn. Er wird euch in unsere Gewalt geben.

Als der Philister weiter vorrückte und immer näher an David herankam, lief auch David von der Schlachtreihe der Israeliten aus schnell dem Philister entgegen. Er griff in seine Hirtentasche, nahm einen Stein heraus, schleuderte ihn ab und traf den Philister an der Stirn. Der Stein drang in die Stirn ein, der Philister fiel mit dem Gesicht zu Boden.

So besiegte David den Philister mit einer Schleuder und einem Stein. Als die Philister sahen, dass ihr starker Mann tot war, flohen sie. Die Männer von Israel und Juda aber griffen an, erhoben das Kriegsgeschrei und verfolgten die Philister.

Natan und Elija erinnern an Gottes Weisung

Die Geschichte der Könige in Israel zeigte immer wieder: Sie waren Menschen mit Fehlern, keineswegs immer Vorbild für andere. Davon erzählt auch die folgende Geschichte. Allerdings gab es auch immer wieder einzelne Frauen und Männer, die den Königen die Meinung sagten: wenn sie ungerecht handelten, wenn sie selbst fremde Götter verehrten oder es zuließen, dass das Volk andere Götter verehrte. Dazu gehören Natan, Elija und andere. Man nennt sie Propheten: Das ist ein griechisches Wort und heißt übersetzt: Gerufene, Rufende, Sprecher, Boten. Sie hatten keine Angst vor Menschen, wenn sie verkündeten, was Gott einem König oder dem ganzen Volk sagen wollte. Sie gewannen zunehmend Einfluss in der Öffentlichkeit und hielten die Hoffnung wach: Recht und Frieden aus Gottes Hand werden einmal überall auf dieser Welt gelten.

David verführt Batseba

Eines Abends spazierte David auf dem Flachdach seines Königspalastes hin und her. Da sah er von oben eine Frau, die badete. Sie war sehr schön. Sofort schickte David einen Diener hin und erkundigte sich nach ihr. Man sagte ihm: Das ist Batseba, die Frau des Urija. Urija war in den Krieg gezogen und kämpfte für David. David ließ Batseba holen und schlief mit ihr. Dann kehrte sie in ihr Haus zurück. Einige Zeit später ließ Batseba dem König sagen: Ich bekomme ein Kind von dir.

Nun schickte David einen Brief an seinen Feldherrn: Stelle den Urija dorthin, wo der Kampf am heftigsten ist. Dann zieht euch von ihm zurück, so dass er getroffen wird und den Tod findet. So geschah es. Urija fand den Tod.
Batseba weinte sehr um ihren Mann. Sobald die Trauerzeit vorüber war, ließ David sie in sein Haus holen. Sie wurde seine Frau und gebar ihm einen Sohn. Gott aber gefiel es gar nicht, was David getan hatte.
Er schickte den Propheten Natan zu David. Der sprach: Hör zu, David! In einer Stadt lebten zwei Männer, der eine war reich, der andere arm. Der Reiche besaß viele Schafe und Rinder, der Arme aber besaß nur ein einziges kleines Lamm. Er liebte sein Lamm und es wurde bei ihm zusammen mit seinen Kindern groß. Eines Tages bekam der reiche Mann Besuch. Er brachte es nicht über sich, eines von seinen eigenen Schafen oder Rindern zu schlachten. Darum nahm er dem Armen das Lamm weg und bereitete es für seinen Besuch zum Essen. Als David das hörte, wurde er zornig und sagte zu Natan: Wirklich - der Mann, der das getan hat, verdient den Tod!
Da sagte Natan zu David: Du selbst bist dieser Mann. Du bist reich. Du hast alles, was du willst.

Du hast Urija umbringen lassen und dir seine Frau genommen. Du wirst sehen, dass du und deine Nachkommen vom Schwert nicht verschont bleiben werden.
David war tief erschrocken und sagte zu Natan: Ich habe gegen Gott gesündigt.
Als das Kind geboren war, wurde es schwer krank. David fastete und betete, Tag und Nacht. Bei Nacht legte er sich sogar auf die bloße Erde. Doch am siebten Tag starb das Kind. Niemand hatte den Mut, es David zu sagen. Doch David sah, wie seine Diener miteinander flüsterten, und merkte daran, dass das Kind tot war. Da erhob er sich von der Erde, wusch und salbte sich, wechselte seine Kleider und ging zum Haus Gottes, um zu beten. Dann kehrte er nach Hause zurück und verlangte zu essen.
Nicht lange danach gebar Batseba wieder einen Sohn.
David gab ihm den Namen Salomo.

Der Prophet Elija ermahnt Ahab

Viele Jahre später: König Ahab regierte in Israel. Er nahm sich Isebel zur Frau, die Tochter des Nachbarkönigs. Isebel verehrte andere Götter, vor allem den Gott Baal. Auch Ahab diente Baal. Er ließ ihm einen Altar errichten. Er tat noch vieles andere, was Gott nicht gefiel.
Da rief Gott einen Propheten, er hieß Elija. Elija ging zu Ahab und sprach zu ihm: Wirklich - von jetzt an sollen weder Tau noch Regen fallen, es sei denn, ich will es.
Dann sprach Gott zu Elija: Geh weg von hier und verstecke dich am Bach Kerit östlich des Jordans! Aus dem Bach sollst du trinken. Ich habe Raben befohlen, dich dort zu ernähren.
Da ging Elija weg und tat, wie Gott ihm befohlen hatte.

Er wanderte zum Bach Kerit und ließ sich dort nieder. Die Raben brachten ihm Brot und Fleisch am Morgen und ebenso Brot und Fleisch am Abend. Und er trank aus dem Bach. So schenkte Gott seinem Propheten, was er zum Leben brauchte.

Gott oder Baal

Inzwischen gab es im Land eine schlimme Hungersnot. Zwei Jahre schon hatte es nicht geregnet. Da sprach Gott zu Elija: Geh zu Ahab! Es soll wieder regnen. Als König Ahab den Propheten Elija sah, rief er aus: Du hast Israel ins Verderben gestürzt! Elija entgegnete: Nicht ich habe Verderben über Israel gebracht. Das hast du getan. Du hast Gott verlassen und bist fremden Göttern nachgelaufen. Doch nun versammle mir das ganze Volk auf dem Berg Karmel und hole auch die Propheten des Baal zusammen!
Ahab gehorchte.
Das Volk und alle Propheten des Baal versammelten sich auf dem Berg Karmel.
Elija trat vor das ganze Volk und rief: Ich allein bin als Prophet Gottes übrig geblieben. Die Propheten des Baal aber sind vierhundertundfünfzig. Gebt uns nun zwei Stiere!

Die Propheten des Baal sollen sich einen auswählen. Sie sollen ihn zerteilen und auf das Holz legen, aber kein Feuer anzünden. Ich werde den anderen Stier zubereiten, ihn auf das Holz legen und kein Feuer anzünden. Dann sollt ihr den Namen Baals anrufen, den ihr verehrt, und ich werde den Namen meines Gottes anrufen. Der Gott, der Feuer sendet, soll der wahre Gott sein. Da rief das ganze Volk: Ja, der Vorschlag ist gut!
Zuerst bereiteten die Propheten des Baal den Stier für das Opfer vor. Dann riefen sie vom Morgen bis zum Mittag den Namen des Baal an und schrien: Baal, erhöre uns! Sie tanzten und hüpften um den Altar, den sie gebaut hatten. Doch nichts geschah. Um die Mittagszeit verspottete sie Elija und sagte: Ruft lauter! Vielleicht ist euer Baal beschäftigt oder schläft gerade. Ihr müsst lauter schreien, damit er endlich aufwacht. Die Propheten des Baal schrien weiter mit lauter Stimme. Nach ihrem Brauch ritzten sie sich mit Schwertern und Lanzen wund, bis das Blut an ihnen herabfloss. Sie verfielen in Raserei. Doch nichts geschah, kein Laut, keine Antwort, keine Erhörung.
Nun forderte Elija das Volk auf: Tretet nun zu mir! Elija baute einen Altar. Er legte Holz darauf, zerteilte den Stier und legte ihn auf das Holz. Er ließ dreimal Wasser über den Stier und das Holz gießen. Dann rief Elija: Du Gott unserer Väter, heute sollen alle erkennen, dass du allein Gott bist in Israel! Lass das Volk erkennen, dass du allein der wahre Gott bist, und bewege sein Herz zur Umkehr! Da fiel Feuer vom Himmel und verzehrte den Stier, das Holz und sogar die Steine. Das ganze Volk sah es, fiel auf sein Angesicht nieder und rief: Ja, unser Gott allein ist Gott!
Dann stieg Elija zur Höhe des Berges empor und betete zu Gott um Regen. Und Regen fiel über das vertrocknete Land.

Elija begegnet Gott am Berg Horeb

Als Ahab seiner Frau Isebel erzählte, was Elija getan hatte, schickte sie einen Boten zu Elija und ließ ihm sagen: Du musst sterben! Da geriet Elija in Angst, er lief weg, um sein Leben zu retten. Einen ganzen Tag lang lief er in die Wüste hinein. Dann setzte er sich unter einen Ginsterstrauch und wünschte sich den Tod. Er sagte: Nun ist es genug, mein Gott. Nimm mein Leben; denn ich bin nicht besser als die anderen Menschen. Dann legte er sich unter den Ginsterstrauch und schlief ein. Doch ein Engel rührte ihn an und sprach: Steh auf und iss! Als er um sich blickte, stand neben seinem Kopf Brot, frisch gebacken, und ein Krug mit Wasser. Er aß und trank und legte sich wieder hin. Doch der Engel Gottes rührte ihn zum zweiten Mal an und sprach: Steh auf und iss! Du hast noch einen weiten Weg zu gehen. Da stand Elija auf. Er aß und trank. Die Speise hatte ihn gestärkt und erfrischt. Er wanderte vierzig Tage und vierzig Nächte bis zum Gottesberg Horeb.

Dort ging er in eine Höhle, um darin zu übernachten. Da sprach Gott zu ihm: Was willst du hier, Elija? Er sagte: Mit leidenschaftlichem Eifer bin ich für dich eingetreten. Das ganze Volk hat dich verlassen, deine Altäre zerstört und deine Propheten getötet. Ich allein bin übrig geblieben. Nun wollen sie auch mich umbringen. Da sprach Gott: Komm heraus aus der Höhle! Du sollst erfahren, dass ich da bin! Da kam ein starker, heftiger Sturm, der die Berge zerriss und die Felsen zerbrach. Doch Gott war nicht im Sturm. Nach dem Sturm kam ein mächtiges Erdbeben. Doch Gott war nicht im Erdbeben. Nach dem Erdbeben kam ein Feuer. Doch Gott war nicht im Feuer. Nach dem Feuer kam ein sanfter, leichter Wind. Als Elija ihn hörte, hüllte er sein Gesicht in den Mantel, trat hinaus und stellte sich an den Eingang der Höhle.

So hat Elija gelernt, wer Gott wirklich ist. Gott will nicht Tod und Verderben über seine Feinde, nicht Erdbeben, Feuer oder Zerstörung. Gott will das Herz der Menschen erreichen, leise und unaufdringlich wie ein sanfter, leichter Wind.

Propheten künden Unheil und Heil

Die Propheten verkündeten, was Gott seinem Volk und den Herrschern sagen wollte. Sie hatten mitunter großen Einfluss, mussten allerdings häufig erfahren, dass sie sich mit ihrer Botschaft die Menschen zu Feinden machten. Gott wählte zu Propheten auch solche aus, die jung waren, ja, die oft sogar nicht einmal gut sprechen konnten. So wurde allen klar, dass die Propheten nicht aus eigener Kraft redeten, sondern dass Gott durch sie sprach. Häufig mussten sie Unheils-Botschaften mitteilen, die ihnen selbst unangenehm waren und sie zu Außenseitern machten. Aber die Propheten waren eben von Gott gerufen und ganz in seinen Dienst gestellt. Sie konnten nicht anders: Sie sagten den Menschen gute Botschaften, wenn das ihr Auftrag war. Sie sagten ihnen aber auch schlimme Botschaften, wenn Gott sie das so hören ließ.

Jesaja

Im 8. Jahrhundert v. Chr. lebte im Südreich Juda der Prophet Jesaja. Er warnte das Volk und seinen König Ahas davor, sich im Streit mit dem Nordreich Israel mit den Assyrern zu verbünden. Für Juda kündigte er immer wieder Unheil an, weil das Volk nicht mehr auf den Wegen Gottes ging. Daneben finden sich bei Jesaja aber auch Worte der Ankündigung des Heils, die unvergessen blieben.

Auf, werde licht ...

Mache dich auf den Weg und werde licht, denn das Licht Gottes geht leuchtend auf über dir wie eine Sonne. Viele Menschen wandern zu deinem Licht, Gott, und Könige zu deinem strahlenden Glanz. Blick auf und schau umher, Gott: Alle versammeln sich und kommen zu dir. Sie kommen mit zahllosen Kamelen und Dromedaren aus fernen Ländern angereist, um zu dir zu kommen.
Sie bringen dir Weihrauch, Gold und andere wertvolle Schätze.
Sie bauen dir eine neue Stadt, in der Gerechtigkeit und Liebe zu Hause sind. In dieser Stadt scheint keine gewöhnliche Sonne mehr, sondern du Gott selbst bist die Sonne dieser Stadt. Du erhellst ihre Gassen mit deinem ewigen Licht. Es wird eine Freude sein in ihr zu leben. Mach, dass diese Zeit bald kommt, Gott.

Jerusalem als Mittelpunkt

Am Ende der Tage wird es geschehen:
Viele Völker machen sich auf den Weg, sie sagen:
Kommt, wir ziehen gemeinsam zum Berg Gottes nach Jerusalem,
wir gehen zum Haus des Gottes Jakob.
Gott zeige uns seine Wege, auf seinen Pfaden wollen wir gehen.
Gott wird Recht sprechen im Streit der Völker.
Dann schmieden sie Pflugscharen aus ihren Schwertern.
Kein Volk führt mehr Krieg gegen das andere.
Kommt, wir wollen unsere Wege gehen im Lichte Gottes.

Das Lied vom Weinberg

Ich will ein Lied singen von meinem geliebten Freund,
ein Lied vom Weinberg:
Mein Freund hatte einen Weinberg
auf einer fruchtbaren Höhe.
Er grub ihn um, entfernte die Steine
und bepflanzte ihn mit den besten Weinstöcken.
Er baute mitten darin einen Turm mit einer Kelter.
Er hoffte darauf, dass der Weinberg ihm süße Trauben brächte,
aber er brachte nur saure Beeren.
Nun sprecht das Urteil, ihr Bürger Jerusalems
und ihr Männer von Juda,
im Streit zwischen mir und dem Weinberg!
Was hätte ich noch machen sollen?
Ich will euch sagen,
was ich jetzt machen werde:
Ich entferne die Hecke,
dann soll das Vieh dort weiden.

Ich reiße die Mauer ein;
dann wird er zertrampelt.
Ich verbiete den Wolken, ihm Regen zu spenden,
zu ödem Land will ich ihn machen.
Ja, der Weinberg Gottes
ist das Haus Israel,
die Männer von Juda sind die Reben,
die er zur seiner Freude gepflanzt hatte.
Er hoffte auf Gerechtigkeit unter den Menschen -
doch siehe da: Der Rechtlose schreit.

Der Messias kündigt sich an

Das Volk, das im Dunkel lebt,
sieht ein helles Licht; über denen,
die im Land der Finsternis wohnen,
strahlt ein Licht auf.
Du erregst lauten Jubel
und schenkst große Freude.
Man freut sich in deiner Nähe,
wie man sich freut bei der Ernte,
wie man jubelt, wenn Beute verteilt wird.
Denn du zerbrichst das drückende Joch,
das Tragholz auf unserer Schulter
und den Stock des Treibers.
Jeder Stiefel, der dröhnend daherstampft,
jeder Mantel, der mit Blut befleckt ist,
wird verbrannt, wird ein Fraß des Feuers.
Denn uns ist ein Kind geboren,
ein Sohn ist uns geschenkt.

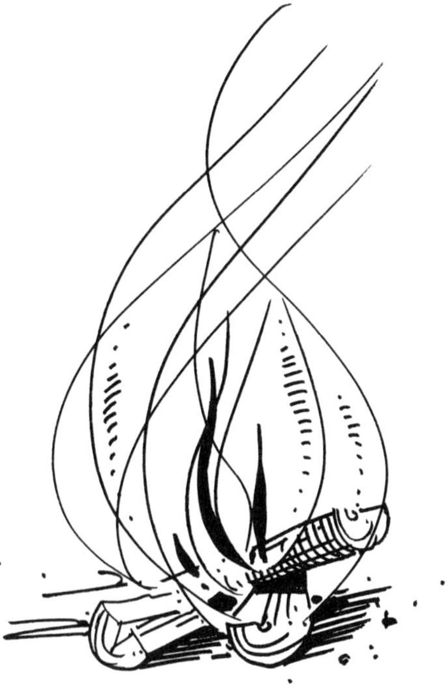

Die Herrschaft liegt auf seiner Schulter
und man nennt ihn „Wunderbarer Ratgeber“,
„starker Gott“, „Vater in Ewigkeit“, „Fürst des Friedens“.
Seine Herrschaft ist groß
und der Friede hat kein Ende.
Auf dem Thron Davids herrscht er über sein Reich;
er festigt und stützt es durch Recht und Gerechtigkeit,
jetzt und für alle Zeiten.
Der leidenschaftliche Eifer Gottes wird das vollbringen.

Wenn das messianische Reich kommt ...

Aus dem Stamm Isai wird er kommen.
Und der Geist Gottes wird bei ihm wohnen.
Er wird ein Mensch sein voll Weisheit und Einsicht,
voll Rat und Stärke,
voll Erkenntnis und Gottesfurcht.
Er hilft den Hilflosen und Armen.
Dann wohnt der Wolf beim Lamm,
der Panther liegt beim Böcklein.
Kalb und Löwe weiden zusammen,
ein kleiner Junge kann sie hüten.
Kuh und Bärin freunden sich an,
ihre Jungen liegen beieinander.
Der Löwe frisst Stroh wie das Rind.
Der Säugling spielt vor dem Schlupfloch der Schlange.
Die Menschen tun nichts Böses mehr
und begehen kein Verbrechen,
denn das Land ist erfüllt von der Erkenntnis Gottes,
so wie das Meer mit Wasser gefüllt ist.
In diesen Tagen wird der Messias aus dem Stamm Isai dastehen.

Die Völker werden ihn aufsuchen
und ihr, die ihr jetzt noch in der Gefangenschaft lebt,
werdet in eure Heimat zurückkehren.
Gott wird euch, die ihr in alle Lande verschleppt und vertrieben worden seid, wieder in Juda sammeln. Er wird euch zusammenführen von den Enden der Erde.

Die Wüste soll sich freuen ...

Die Wüste und das trockene Land sollen sich freuen,
die Steppe soll jubeln und blühen!
Man wird die Herrlichkeit des Herrn sehen,
die Pracht unseres Gottes!
Sagt den Verzagten:
Habt Mut, fürchtet euch nicht!
Seht, hier ist euer Gott!
Er selbst wird kommen und euch retten.
Dann werden die Augen der Blinden geöffnet,
auch die Ohren der Tauben sind wieder offen.
Dann springt der Lahme wie ein Hirsch,
die Zunge des Stummen jauchzt auf.
In der Wüste brechen Quellen hervor
und Bäche fließen in der Steppe.
Der glühende Sand wird zum Teich
und das durstige Land
zu sprudelnden Quellen.

Jeremia

Ein anderer Prophet hieß Jeremia. Er lebte etwa 100 Jahre später als Jesaja. Jeremia stammte aus einer Priesterfamilie. Er wohnte im Dorf Anatot in der Nähe von Jerusalem und war noch sehr jung. Gott sprach zu Jeremia: Schon bevor du geboren wurdest, habe ich dich ausgewählt und geheiligt, zum Propheten für die Völker habe ich dich bestimmt. Da sagte Jeremia: Ach, mein Gott, ich kann doch nicht reden, ich bin ja noch so jung. Aber Gott sprach: Sag nicht: Ich bin noch so jung. Das macht mir nichts aus. Wohin ich dich sende, dahin sollst du gehen. Was ich dir auftrage, das sollst du verkünden. Fürchte dich nicht, ich bin bei dir!

Und Gott sprach zu Jeremia: Geh und kaufe dir einen Tonkrug. Nimm einige Älteste des Volkes und einige Priester mit und geh mit ihnen zum Eingang des Stadttors. Dort verkündige die Worte, die ich dir sage. Du sollst sagen: Hört das Wort Gottes, ihr Könige und Einwohner Jerusalems! So spricht der Gott Israels: Seht, ich bringe Unheil über euch. Denn ihr habt mich verlassen und fremde Götter angebetet. Sogar eure eigenen Kinder habt ihr ihnen geopfert.

Jeremia tat alles so, wie Gott ihm gesagt hatte. Er kaufte den Krug, nahm die Ältesten und Priester mit und ging mit ihnen zum Stadttor. Dort schleuderte er den Krug zu Boden und sprach, was Gott ihm aufgetragen hatte. Und weiter sagte er: So wie dieser Krug in tausend Scherben zerschellt ist, so wird Jerusalem zu Grunde gehen. Eure Feinde werden die Stadt belagern. Es wird Hunger über euch kommen und die Stadt wird in Trümmer fallen - genau wie dieser Krug.

Und zum König sagte Jeremia: Sorge für Recht und Gerechtigkeit. Hilf den Armen, den Witwen und Waisen, und vergieße kein Blut. Wenn du das tust, wirst du König bleiben. Hörst du aber nicht auf diese Worte, so schwöre ich dir: Zum Trümmerhaufen wird dann dieser Palast.
Viele hassten Jeremia, weil er solche Dinge sagte. Sie ließen Jeremia verhaften, er wurde gefesselt, geschlagen und an einen Holzbalken gebunden. Dort musste er einen Tag lang in der brennenden Sonne stehen und eine Nacht in der bitteren Kälte.
Und Jeremia klagte Gott sein Leid: Ich will nicht mehr an dich denken und nicht mehr in deinem Namen sprechen! Keiner mag mich mehr. Sie tun mir Böses und wollen sich an mir rächen für das, was ich sage. Sogar meine nächsten Freunde warten darauf, dass es mir schlecht ergeht. Aber in meinem Herzen brennt es wie Feuer! Ich muss deine Worte sprechen und ich weiß, dass du mir beistehst. Ich hoffe darauf, dass du mich beschützen wirst, wie du es mir versprochen hast.
Jeremia redete weiter in Gottes Namen. Er wurde noch häufig ins Gefängnis geworfen oder musste sich verstecken. Einmal warf man ihn sogar in einen leeren Wasserbrunnen. Aber immer wieder wurde Jeremia befreit und gerettet.
Die Babylonier, ein Volk, das Israel bekriegte, belagerten Jerusalem viele Monate lang. Niemand konnte mehr Essen in die Stadt bringen, weil durch die Sperren der Feinde, die die Stadt umzingelt hatten, nichts mehr nach Jerusalem transportiert werden konnte. Zuletzt verhungerten viele Menschen, weil es in der Stadt nichts mehr zu essen gab. Dann zerstörten die Babylonier Jerusalem und nahmen viele Bewohner mit in ihr Land in die Gefangenschaft und ließen sie hart für sich arbeiten.
So traf alles ein, was Gott den Menschen durch Jeremia sagen ließ.

Der Tempel Gottes ...

Gott sprach zu Jeremia: Stell dich an das Tor des Tempels und rufe laut: Hört das Wort Gottes, ganz Juda, alle, die ihr durch diese Tore kommt, um Gott zu verehren. So spricht der Gott Israels: Bessert euer Verhalten und euer Tun, dann will ich hier im Tempel bei euch wohnen.
Vertraut aber nicht auf die trügerischen Worte: Der Tempel Gottes, der Tempel Gottes, der Tempel Gottes ist hier! Denn nur wenn ihr euer Tun von Grund auf bessert, wenn ihr bei Gericht gerecht entscheidet, wenn ihr die Fremden, die Waisen und Witwen nicht unterdrückt, kein unschuldiges Blut vergießt und nicht anderen Göttern nachlauft, dann will ich hier bei euch wohnen.
Ihr handelt böse in jeder Hinsicht und dann kommt ihr, tretet hier im Tempel vor mein Angesicht und sagt: Wir sind geborgen! Ist dieses Haus denn eine Räuberhöhle?

Götterbilder sind nur Holz ...

So spricht Gott:
Gewöhnt euch nicht an den Weg der Völker,
erschreckt nicht vor den Zeichen des Himmels,
auch wenn die Völker vor ihnen erschrecken.
Denn die Götterbilder der Völker sind nur Holz,
das man im Wald schlägt,
ein Werk aus der Hand des Schnitzers,
mit dem Messer angefertigt.
Er verziert es mit Silber und Gold,
mit Nagel und Hammer macht er es fest, so dass es nicht wackelt.
Sie sind wie Vogelscheuchen im Gurkenfeld.
Sie können nicht reden;
man muss sie tragen, weil sie nicht gehen können.
Gott aber ist wirklich Gott,
lebendiger Gott.
Er hat die Erde geschaffen,
durch seine Weisheit sie gegründet
und den Himmel darüber gespannt.
Lässt er seine Stimme ertönen,
dann rauschen die Wasser am Himmel.
Er lässt es blitzen und regnen,
er sendet den Wind.
Die Götterbilder sind Trug,
kein Atem ist in ihnen.
Anders unser Gott,
Schöpfer des Alls ist er.

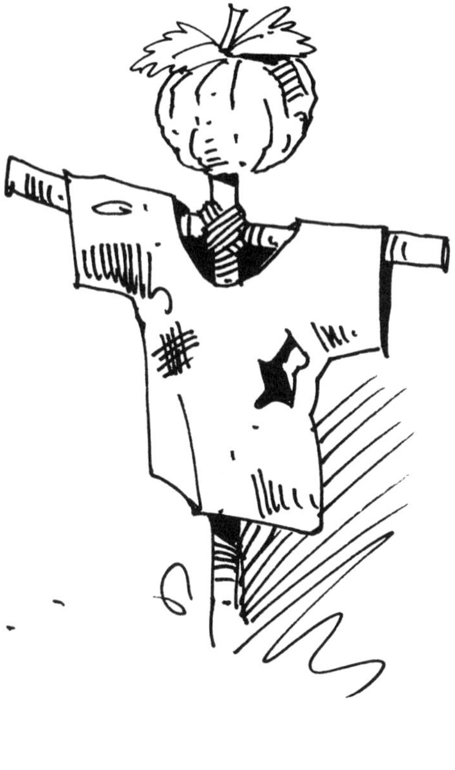

Wie der Ton des Töpfers seid ihr

So sprach Gott zu Jeremia: Mach dich auf und geh zum Haus des Töpfers hinab! Dort will ich dir meine Worte mitteilen.
So ging ich zum Haus des Töpfers hinab. Er arbeitete gerade mit der Töpferscheibe. Wenn das Gefäß, das er in Arbeit hatte, nicht gelang, wie es beim Ton in der Hand des Töpfers vorkommen kann, dann machte er daraus wieder ein anderes Gefäß, ganz wie es ihm gefiel.
Da sprach Gott zu mir: Kann ich nicht mit euch verfahren wie dieser Töpfer, ihr Israeliten? Seht, wie der Ton in der Hand des Töpfers, so seid ihr in meiner Hand, ihr Israeliten.
Bald drohe ich einem Volk oder einem Reich, es auszureißen, niederzureißen und zu vernichten. Kehrt aber das Volk, dem ich gedroht habe, von seinem bösen Tun um, so reut mich das Unheil, das ich ihm zugedacht hatte.
Bald sage ich einem Volk oder Reich zu, es aufzubauen und einzupflanzen. Tut es aber dann, was mir missfällt, und hört es nicht auf meine Stimme, so reut mich das Gute, das ich ihm zugesagt habe.
Und nun sag zu den Leuten von Juda und zu den Einwohnern Jerusalems: So spricht Gott: Seht, ich bereite Unheil gegen euch vor und fasse einen Plan gegen euch. Kehrt doch um, ein jeder von seinem bösen Weg, und bessert euer Verhalten und euer Tun!
Aber sie werden sagen: Vergebliche Mühe! Wir wollen unseren eigenen Plänen folgen und jeder von uns will nach dem Trieb seines bösen Herzens handeln.

Deshalb spricht Gott: Fragt unter den Völkern, wer je Ähnliches gehört hat. Ganz Abscheuliches hat Israel getan. Weicht denn das Felsgestein von der Landschaft, der Schnee vom Libanon, oder versiegen immerströmende Wasser, sprudelnde Quellen? Mein Volk aber hat mich vergessen; nichtigen Götzen bringt es Opfer dar. Doch ich lasse sie stolpern und taumeln auf ihren Wegen, den altgewohnten Bahnen, so dass sie auf ungebahnten Pfaden gehen müssen.
Ich will ihr Land zu einem Ort des Entsetzens machen, zum Gespött für immer. Jeder, der dort vorbeikommt, wird sich entsetzen und den Kopf schütteln. Wie der Ostwind zerstreue ich sie vor dem Feind. Ich zeige ihnen den Rücken und nicht das Gesicht am Tag ihres Verderbens.

Ihr werdet in eurem Herzen wissen, was gut ist

So spricht der Herr, der Gott Israels:
Seht, es werden Tage kommen, in denen ich mit dem Haus Israel und dem Haus Juda einen neuen Bund schließen werde, nicht wie der Bund war, den ich mit ihren Vätern geschlossen habe, als ich sie bei der Hand nahm, um sie aus Ägypten herauszuführen. Diesen meinen Bund haben sie gebrochen, obwohl ich ihr Gebieter war. Denn das wird der Bund sein, den ich nach diesen Tagen mit dem Haus Israel schließe: Ich lege mein Gesetz in sie hinein und schreibe es auf ihr Herz. So werden sie in ihrem Herzen wissen, was gut ist. Ich werde ihr Gott sein und sie werden mein Volk sein. Keiner wird mehr den anderen belehren, man wird nicht mehr zueinander sagen müssen: Erkennt den Herrn!, sondern sie alle, Klein und Groß, werden mich erkennen. Denn ich verzeihe ihre Schuld, an ihre Sünde denke ich nicht mehr.

Als in Babylon der König Kyrus den Thron bestieg, erlaubte er den Israeliten, wieder nach Jerusalem zurückzukehren.
Viele kehrten zurück, aber einige blieben auch in Babylon, bauten dort Häuser, machten gute Handelsgeschäfte und wurden reich und angesehen.
Als die Menschen, die heimkehrten, nach Jerusalem kamen, sahen sie, dass die ganze Stadt noch in Trümmern lag. Da begannen sie, die Stadt wieder aufzubauen. Das Leben war hart und mühsam.
Aber sie spürten: Gott ist mit uns, er hat uns nicht verlassen.
Die Worte, die der Prophet zu uns in der Gefangenschaft gesprochen hat, sind wahr.

Das Leben war jedoch auch in der folgenden Zeit keineswegs nur glücklich. Immer wieder kamen neue Völker und neue Herrscher, die die Israeliten nicht frei sein ließen. Dann erinnerten sie sich an ihren alten Traum von einem Messias, mit dem alles neu sein würde.

Jona

Die Geschichte vom Propheten Jona will zeigen, dass Gott zu allen Völkern gut ist, nicht nur zu seinem Volk Israel. Darum kommen in dieser Erzählung alle, die nicht zum Volk Israel gehören, besser weg als Jona selbst. Die Erzählung hat märchenhafte Züge. Ist sie darum weniger wahr?

Jona flieht vor Gott

Das Wort Gottes erging an Jona: Mach dich auf den Weg und geh nach Ninive, in die große Stadt, und droh ihr das Strafgericht an! Denn die Leute in dieser Stadt sind schlecht.
Jona machte sich auf; aber er wollte nach Tarschisch fliehen, weit weg von Gott. Er ging also zum Hafen Jafo und fand dort ein Schiff, das nach Tarschisch fahren sollte. Er bezahlte das Fahrgeld und ging an Bord.
Aber Gott ließ mitten auf dem Meer einen heftigen Sturm losbrechen. Er war so gewaltig, dass das Schiff auseinander zu brechen drohte. Die Seeleute bekamen Angst. Jeder schrie zu seinem Gott um Hilfe. Sie warfen sogar die Ladung ins Meer, um das Schiff zu erleichtern.
Jona war in den untersten Raum des Schiffes hinabgestiegen,

hatte sich hingelegt und schlief fest. Der Kapitän ging zu ihm und sagte: Wie kannst du schlafen? Steh auf, ruf deinen Gott an, vielleicht denkt er an uns und wir gehen nicht unter. Dann sagten sie zueinander: Kommt, wir wollen das Los werfen, damit wir wissen, wer an diesem Unheil schuld ist. Das Los fiel auf Jona. Da fragten sie ihn: Sag uns, was treibst du, woher kommst du, aus welchem Land und aus welchem Volk? Er antwortete: Ich bin ein Hebräer und verehre Jahwe, den Gott des Himmels, der das Meer und das Festland gemacht hat. Da bekamen die Männer große Angst und sagten zu ihm: Warum bist du geflohen? Was sollen wir jetzt machen, damit das Meer sich beruhigt? Jona antwortete: Werft mich ins Meer, dann wir es sich beruhigen und euch verschonen. Denn ich weiß: Ich bin schuld an diesem Sturm.
Die Seeleute ruderten mit aller Kraft, um wieder an Land zu

kommen. Aber es nutzte nichts. Da riefen sie zu Jahwe, dem Gott Israels: Lass uns nicht untergehen! Sei uns nicht böse, wenn wir jetzt Jona ins Meer werfen! Dann nahmen sie Jona und warfen ihn ins Meer und das Meer hörte auf zu toben. Da ergriff die Männer große Furcht vor dem Gott Israels.
Gott aber schickte einen großen Fisch, der Jona verschlang.
Drei Tage und drei Nächte war Jona im Bauch des Fisches und betete zu Gott.
Da befahl Gott dem Fisch, Jona ans Land zu spucken.

Jona predigt in Ninive

Und Gott sprach ein zweites Mal zu Jona: Mach dich auf den Weg, geh in die Stadt Ninive und droh ihr den Untergang an! Da machte sich Jona auf den Weg und ging nach Ninive. Ninive war eine große Stadt. Einen Tag lang ging Jona in die Stadt hinein und rief: Noch vierzig Tage und Ninive ist zerstört! Die Leute von Ninive glaubten Gott. Sie riefen ein Fasten aus, alle zogen Bußgewänder an. Auch der König von Ninive legte seinen Königsmantel ab und fastete. Er ließ ausrufen: Befehl des Königs: Alle Menschen und Tiere sollen nichts essen und nichts trinken. Sie sollen laut zu Gott rufen. Jeder soll sich von seinem bösen Tun abwenden. Vielleicht hat Gott ja Mitleid mit uns und lässt uns am Leben. Und Gott sah es und führte seine Drohung nicht aus.

Jona lernt von Gott

Das missfiel Jona ganz und gar und er wurde zornig. Er sprach zu Gott: Ach, Gott, habe ich das nicht schon daheim gesagt? Eben darum wollte ich ja nach Tarschisch fliehen. Ich wusste: Du bist ein gnädiger und barmherziger Gott, langmütig und gütig. Du wirst deine Drohung nicht ausführen. Wie stehe ich jetzt da? Nimm mir lieber mein Leben! Gott erwiderte: Ist es recht von dir, zornig zu sein?

Da verließ Jona die Stadt und setzte sich vor der Stadt nieder. Er machte sich ein Laubdach und setzte sich in seinen Schatten, um zu warten, was mit der Stadt geschehe. Gott ließ einen Strauch über Jona emporwachsen. Er sollte ihm Schatten spenden und seinen Ärger vertreiben. Jona freute sich darüber. Doch am nächsten Morgen schickte Gott einen Wurm, der den Strauch annagte, so dass er verdorrte. Und als die Sonne aufging, schickte Gott einen heißen Wind. Die Sonne stach Jona auf den Kopf, er wurde ohnmächtig und wünschte sich den Tod. Gott sprach zu ihm: Ist es recht von dir, wegen des Strauches zornig zu sein? Jona antwortete: Ja, es ist recht, dass ich zornig bin und mir den Tod wünsche! Da sagte Gott: Dir tut der Strauch leid, den du gar nicht groß gezogen hast. Über Nacht war er da, über Nacht ist er verdorrt. Sollte mir da nicht auch die große Stadt Ninive leid tun, in der mehr als hundertzwanzigtausend Menschen leben?

Loben, klagen, danken

Es gibt ganz unterschiedliche Weisen, von Gott zu sprechen. Man kann erzählen, wie man sich sein Wirken in der Geschichte vorstellt. Man kann überliefern, was wichtige Männer und Frauen Israels — z.B. die Prophetinnen und Propheten — gesagt haben. Man kann aber auch in Gedichten und Liedern von Gott singen. Dann sind die eigenen Gefühle mehr beteiligt. Die Psalmen — es gibt davon 150 — sind Lieder dieser Art. Viele sollen von König David stammen. Wahrscheinlicher ist, dass jede Zeit dazu beigetragen hat, solche Lieder zu dichten. Bei den Psalmen handelt es sich um Loblieder, Klagelieder und Danklieder. Viele von ihnen wurden bei Wallfahrten und Tempelgottesdiensten gesungen. Die Psalmen gehören noch heute zu den wichtigsten Gesängen der Kirche.

Die beiden Wege

Wohl dem, der nicht dem Rat der Bösen folgt,
nicht auf dem Weg der Sünder geht,
nicht im Kreis derer sitzt, die sich über alles lustig machen,
sondern Freude hat an der Weisung Gottes,
über sie nachsinnt bei Tag und bei Nacht.

Er ist wie ein Baum, der am Wasserbach gepflanzt ist,
der zur rechten Zeit seine Frucht bringt
und dessen Blätter nicht welken.
Alles, was er tut, wird ihm gut gelingen.

Nicht so die Bösen:
Sie verwehen im Wind.
Denn Gott kennt den Weg der Gerechten,
der Weg der Bösen aber führt in den Abgrund.

Was ist der Mensch?

Gott, unser Herrscher,
wie gewaltig ist dein Name auf der ganzen Erde;
über den Himmel herrschst du.
Aus dem Mund der Kinder und Säuglinge schaffst du dir Lob,
deinen Gegnern zum Trotz;
deine Feinde müssen verstummen.
Seh' ich den Himmel, das Werk deiner Finger,
Mond und Sterne, die du befestigt:
Was ist dann der Mensch, dass du an ihn denkst,
des Menschen Kind, dass du dich seiner annimmst?
Du hast ihn nur wenig geringer gemacht als du selbst bist,
du hast ihn mit Herrlichkeit und Ehre gekrönt.
Du hast ihn als Bewahrer eingesetzt über die ganze Schöpfung,
hast ihm alles in seine Hände gelegt:
alle die Schafe, Ziegen und Rinder
und auch die wilden Tiere,
die Vögel des Himmels und die Fische im Meer,
alles, was im Meer dahinzieht.
Gott, unser Herrscher,
wie gewaltig ist dein Name
auf der ganzen Erde!

Der Herr ist mein Hirte

Der Herr ist mein Hirte,
nichts wird mir fehlen.
Er lässt mich lagern auf grünen Auen
und führt mich zum Ruheplatz am Wasser.
Er stillt mein Verlangen;
er leitet mich auf rechten Pfaden,
auf ihn kann ich mich verlassen.

Muss ich auch wandern in finsterer Schlucht,
ich fürchte kein Unheil;
denn du bist bei mir,
deine Nähe gibt mir Zuversicht.

Du deckst mir den Tisch
vor den Augen meiner Feinde.
Du salbst mein Haupt mit Öl,
du füllst mir reichlich den Becher.
Du wirst mein Leben lang gut zu mir sein.
Im Haus des Herrn darf ich wohnen
für lange Zeit.

Gott, du kennst mich durch und durch

Gott, du kennst mich durch und durch.
Ob ich sitze oder stehe, du weißt es.
Ob ich gehe oder ruhe, es ist dir bekannt.
Du kennst mein Denken und Fühlen.
Zu wunderbar ist diese Erkenntnis für mich,
zu hoch, ich kann sie nicht begreifen.
Du hast mein Inneres geschaffen,
mich gewoben im Bauch meiner Mutter.
Ich danke dir, dass du mich so wunderbar gestaltet hast.
Deine Augen haben gesehen, wie ich entstand,
kunstvoll gewirkt im Mutterleib.

Gott, du kennst mich durch und durch.
Prüfe mich, ob ich auf guten Wegen gehe.
Erkenne mein Herz und zeige mir gute Wege
für mein Leben.

Zurückblicken und vorausblicken

Die Geschichte Gottes mit seinem Volk Israel und mit den Menschen hatte begonnen mit der Verheißung an Abraham: Ich werde dich segnen. Durch dich sollen alle Völker der Erde Segen erlangen. Im Laufe der Zeit hatte Gott immer wieder Menschen ausgewählt, die diese Verheißung des Segens weitertragen sollten. Jakob hatte erfahren, dass Gott zu ihm steht, obwohl er seinen Bruder und seinen Vater betrogen hatte. Mose hatte das Volk in das verheißene Land geführt. Dort durfte es mit Gott leben: in gegenseitigem Vertrauen. Allerdings hatten sich das Volk Israel und seine Herrscher nicht immer als treu erwiesen. David war von Gott erwählt worden, als König das Volk zu führen.

Ihm hatte Gott versprochen: Einen Nachkommen aus deinem Haus will ich auf deinen Thron setzen, einen Herrscher ganz nach meinem Willen.
Viele Propheten hatten das Volk ermahnt und an Gottes Verheißungen erinnert. Sie hatten das Volk gemahnt: Bleibt Gott treu! Sie hatten auch gedroht: Wenn ihr nicht auf Gott hört, wird er euch aus dem Land vertreiben, das er euch geschenkt hat. Er wird den Tempel und die ganze Stadt Jerusalem untergehen lassen. Aber das Volk wollte sich nicht bekehren.
Da war das Unheil hereingebrochen, wie Gott es angedroht hatte. Feinde hatten Jerusalem zerstört und die Einwohner in die Gefangenschaft nach Babylon vertrieben. Aber Gott hatte Israel nicht vergessen. Es blieb sein erwähltes Volk. Gott hatte erneut Propheten geschickt. Sie sollten den Menschen Hoffnung geben: Ihr werdet wieder heimkehren und in eurem Lande wohnen. Und sie hatten verheißen: Einmal wird der Messias kommen.
Viele Jahre später kam ein Prophet: Johannes der Täufer. Er konnte endlich sagen: Mitten unter euch steht er, den ihr noch nicht kennt, auf den ihr aber schon so lange gehofft habt: Jesus.

Johannes und Jesus

Zunächst war er ganz unbekannt, doch dann hat er die Welt verändert.
Als Jesus geboren wurde, regierte in Rom der Kaiser Augustus. Die einfachen Menschen in Israel, die Bauern, Fischer, Hirten und Handwerker mit ihren Familien, hatten damals ein schweres Leben. Sie wurden von dem mächtigen und grausamen König Herodes regiert, der mit den Römern gemeinsame Sache machte. Ihm und den Römern mussten die Menschen damals so hohe Steuern zahlen, dass sie kaum noch etwas zum Leben hatten.
In dieser Not beteten die Menschen häufig zu Gott, ihnen endlich Hilfe, einen Retter, den Messias, zu schicken. Da geschahen wunderbare Dinge.

Johannes soll Jesus den Weg bereiten

Eine alte Frau mit Namen Elisabet, die aus einer priesterlichen Familie stammte, war mit einem Mann namens Zacharias, der ebenfalls Priester war, schon lange Zeit verheiratet. Elisabet und ihr Mann lebten so, wie es Gott gefiel. Nur eines fehlte den beiden: Obwohl sie immer darum gebetet hatten, hatten sie keine Kinder bekommen. Darüber waren sie sehr traurig.
Als nun Zacharias einmal im Tempel seinen Dienst als Priester verrichtete, erschien ihm ein Engel Gottes und sagte: Fürchte dich nicht, Zacharias! Dein Gebet ist erhört worden. Deine Frau Elisabet wird einen Sohn bekommen; dem sollst du den Namen Johannes geben. Gott hat etwas Großes mit ihm vor: Er wird das Volk auf Gottes Boten, den Messias, vorbereiten.

Zacharias aber entgegnete: Wie soll ich dir das glauben? Das geht doch gar nicht! Ich bin ein alter Mann und auch Elisabet ist schon alt. Wie sollen wir beide noch ein Kind bekommen? Da sprach der Engel: Ich bin Gabriel, ein Engel Gottes. Ich bin zu dir gesandt worden, um mit dir zu reden und dir diese frohe Botschaft zu bringen. Aber weil du meinen Worten nicht geglaubt hast, sollst du stumm sein bis zu dem Tag, an dem all das eintrifft, was ich dir gesagt habe.
Zacharias konnte tatsächlich nicht mehr sprechen und war seit der Begegnung mit dem Engel stumm. Als sein Dienst im Tempel von Jerusalem zu Ende war, kehrte er nach Hause zurück. Seine Frau Elisabet wurde tatsächlich schwanger. Zacharias und Elisabet freuten sich sehr auf das Kind.

Es geschehe ...

Während Elisabet und Zacharias auf die Geburt ihres Kindes warteten, wurde der Engel Gabriel zu Maria, der Kusine Elisabets, geschickt. Sie lebte in Nazaret und war mit Josef, einem Nachkommen des Königs David, verlobt.
Im Gegensatz zu Elisabet war sie noch sehr jung. Der Engel trat zu Maria und sprach: Sei gegrüßt, Maria, Gott ist mit dir. Du brauchst dich vor mir nicht zu fürchten.

Ich will dir sagen: Gott hat etwas Großes mit dir vor: Du wirst ein Kind empfangen, einen Sohn wirst du zur Welt bringen, dem sollst du den Namen Jesus geben. Er wird Sohn Gottes genannt werden und seine Herrschaft wird kein Ende haben.
Maria war verwundert und sagte zu dem Engel: Wie soll das geschehen? Ich bin doch noch gar nicht verheiratet! Der Engel antwortete ihr: Der Heilige Geist wird über dich kommen, Gott wird dich behüten. Deshalb wird auch das Kind heilig und Sohn Gottes genannt werden. Auch deine Kusine Elisabet hat noch ein Kind bekommen, obwohl sie so alt ist. Für Gott ist nichts unmöglich, Maria. Da verstand Maria und sagte: Ich gehöre Gott. Es geschehe, wie du gesagt hast.

Maria besucht Elisabet

Nach einigen Tagen beschloss Maria, ihre Kusine in den Bergen von Judäa zu besuchen. Als sie dort ankam und sie Elisabet begrüßte, hüpfte das Kind in Elisabets Bauch. Da rief Elisabet: Maria, du bist gesegnet, mehr als alle anderen Frauen, und gesegnet ist das Kind, das du trägst. In dem Augenblick, als du zur Tür hereinkamst und ich deinen Gruß hörte, hüpfte mein Kind vor Freude. Selig bist du, Maria, weil du geglaubt hast, was Gott dir sagen ließ. Und Maria sprach wie eine Prophetin: Meine Seele preist die Größe des Herrn und mein Geist jubelt über Gott meinen Retter. Denn der Mächtige hat Großes an mir getan und sein Name ist heilig. Er vollbringt mit seinem Arm machtvolle Taten: Er zerstreut alle, die im Herzen voll Hochmut sind; er stürzt die Mächtigen vom Thron und erhöht die Niedrigen. Die Hungernden beschenkt er mit seinen Gaben und lässt die Reichen leer ausgehen.

Johannes der Täufer und Jesus werden geboren

Maria blieb etwa drei Monate bei Elisabet, dann kehrte sie nach Hause zurück. Elisabet gebar einen Sohn. Alle Nachbarn und Verwandten freuten sich mit ihr. Nachdem sie dem Kind den Namen Johannes gegeben hatten, wie der Engel es gesagt hatte, konnte Zacharias auch plötzlich wieder sprechen.
Schließlich kam die Zeit, dass Maria ihr Kind auf die Welt bringen sollte. Damals erließ der römische Kaiser Augustus gerade den Befehl, alle Bewohner des Reiches in Steuerlisten eintragen zu lassen, denn er wollte, dass die Menschen ihm noch mehr Geld bezahlten. Jeder musste sich in der Stadt, aus der er stammte, melden. So zog auch Josef mit Maria aus der Stadt Nazaret in die Stadt, aus der die Familie des Königs David stammte, das ist Betlehem. Viele Menschen waren unterwegs, alle Herbergen waren überfüllt.

Als sie in Betlehem ankamen, merkte Maria, dass das Kind bald geboren würde. Sie brachte einen Sohn zur Welt, wickelte ihn in Windeln und legte ihn in eine Futterkrippe. Denn in der Herberge in Betlehem hatten sie keinen Platz mehr gefunden.
In der Gegend waren auch Hirten mit ihren Schafherden. Da erschien ihnen ein Engel, der war von einem göttlichen Glanz umstrahlt. Die Hirten bekamen zuerst große Angst. Der Engel aber sprach zu ihnen: Fürchtet euch nicht! Ich will euch etwas sagen, worüber ihr euch sehr freuen werdet! Auch alle anderen Menschen in Israel werden sich darüber freuen! Heute ist euch in Betlehem der Retter, der Messias, geboren, auf den ihr schon lange wartet und um den ihr zu Gott gebetet habt. Und daran könnt ihr das Kind erkennen: Es liegt in einer Krippe und ist in Windeln gewickelt.
Und plötzlich erschienen neben dem Engel noch unzählige andere Engel. Sie lobten Gott und sprachen: Verherrlicht ist Gott in der Höhe und auf Erden ist Friede bei den Menschen.
Als die Engel sie verlassen hatten und in den Himmel zurückgekehrt waren, sagten die Hirten zueinander: Kommt, wir gehen nach Betlehem. Wir wollen das Kind suchen, von dem der Engel gesprochen hat.
So eilten sie nach Betlehem. Sie fanden den Stall, Maria und Josef und das Kind, das in der Futterkrippe lag. Als sie das Kind sahen, erzählten sie den Eltern alles, was ihnen der Engel über das Kind gesagt hatte. Und alle, die es hörten, staunten. Maria bewahrte alles, was geschehen war, in ihrem Herzen. Die Hirten kehrten zu ihrem Lager zurück. Sie lobten Gott und dankten ihm für das, was sie gehört und gesehen hatten.

Sterndeuter kommen zu Jesus

Als Jesus geboren war, kamen Sterndeuter aus dem Osten nach Jerusalem. Sie fragten alle Leute: Wo ist der neugeborene König der Juden? Wir haben seinen Stern aufgehen sehen und sind gekommen, um ihm Geschenke zu bringen.
Als König Herodes das hörte, bekam er eine Riesenangst. Er fürchtete nämlich, der neugeborene König könnte ihm eines Tages sein Königreich wegnehmen. Darum ließ er alle Gelehrten rufen und erkundigte sich bei ihnen, ob sie wohl wüssten, wo der Messias geboren werden sollte.
Die Gelehrten kannten die Schriften der Bibel gut und antworteten: Der Prophet Micha hat schon gesagt: Aus der kleinen Stadt Betlehem soll er kommen.

Herodes rief aber auch die Sterndeuter heimlich zu sich und fragte sie aus. Dann sagte er zu ihnen: Geht nach Betlehem und forscht sorgfältig nach, wo das Kind ist. Und wenn ihr es gefunden habt, sagt mir Bescheid. Dann möchte auch ich ihm Geschenke bringen. Die Sterndeuter machten sich auf den Weg nach Betlehem.

Der Stern, den sie gesehen hatten, zog vor ihnen her. Über dem Stall, in dem Jesus geboren war, blieb er stehen. Da gingen sie hinein und fanden das Kind und seine Mutter Maria. Sie fielen vor ihm auf den Boden und beteten es an. Dann holten sie ihre Geschenke hervor: Gold, Weihrauch und Myrrhe. In derselben Nacht aber hörten sie im Traum Gottes Stimme, der zu ihnen sprach: Geht nicht den gleichen Weg zurück! Meidet Herodes! Da reisten sie auf einem anderen Weg zurück in ihre Heimat.

Maria, Josef und Jesus fliehen

Zur gleichen Zeit hatte auch Josef einen Traum: Ein Engel Gottes erschien ihm und sprach zu ihm: Steh auf, nimm das Kind und seine Mutter und flieh nach Ägypten. Denn Herodes wird das Kind suchen, um es zu töten.
Da stand Josef sofort auf und floh noch in der Nacht mit Maria und dem Kind nach Ägypten. Dort blieb er, bis Herodes gestorben war. Dann kehrte die Familie nach Nazaret zurück.
Johannes und Jesus wuchsen heran. Und Gottes Gnade und Weisheit ruhten auf ihnen. Und die Menschen freuten sich über sie und merkten, dass Gott etwas Besonderes mit ihnen vorhatte.

Wie bei allen bedeutenden Menschen dieser Welt war es auch bei Jesus. Seine eigentliche Bedeutung erkannten die Menschen erst am Ende seines Lebens. So sind auch die Kindheitserzählungen der Evangelisten Matthäus und Lukas über Jesus nicht einfach Berichte über das, was damals geschah. Sie sind eher Geschichten, die im Licht von Tod und Auferstehung auf Jesu Kindheit zurückblicken.

Jesus predigt

Als Jesus etwa 30 Jahre alt war, regierte in Rom ein Kaiser mit Namen Tiberius. Weil sein Reich zu groß war, um es allein zu regieren, hatte er für viele Teile seines Reiches Könige und Statthalter eingesetzt. In Galiläa, wo Jesus aufwuchs, und in anderen Gebieten regierte damals König Herodes, ein Sohn des Königs Herodes des Großen. Die Gegend um Jerusalem wurde von einem Statthalter mit Namen Pontius Pilatus verwaltet. Die Römer gingen hart um mit den Menschen in Israel. Viele hofften darauf, dass Gott endlich kommen und sein Volk retten werde. Manche zogen in die Wüste, um ihre Sünden zu bereuen und darum zu beten, dass Gott endlich seinen Boten, den Messias, schicken sollte. Einer, der wie ein Prophet das Kommen des Messias verkündete, war Johannes der Täufer. Er glaubte, dass der Messias wie ein strenger Richter kommen werde, der alle Menschen nach ihren Taten beurteilt. Er stellte sich das vor wie eine Getreideernte: Die Menschen sind wie abgeschnittene Getreidehalme. Zuerst werden die Früchte des Getreides, die Körner, herausgeschlagen. Dann wird das Gedroschene mit einer Wurfschaufel in die Luft geworfen. Die schweren Körner fallen zu Boden und werden gesammelt. Die Hülsen weht der Wind weg. Sie sind wertlos, wie auch manches im Leben der Menschen.

Johannes der Täufer ruft zur Umkehr

Johannes hörte in der Wüste das Wort Gottes. Er zog in die Gegend am Fluss Jordan und rief dort die Menschen zu sich, damit sie umkehren, ihre Sünden bereuen und sich taufen lassen sollten. So geschah genau das, was einst der Prophet Jesaja gesagt hatte:
Eine Stimme ruft in der Wüste:
Bereitet dem Herrn den Weg!
Ebnet ihm die Straßen!
Jede Schlucht soll aufgefüllt werden, jeder Berg und Hügel soll sich senken.
Was krumm ist, soll gerade werden.
Was uneben ist, soll zum ebenen Weg werden.
Und alle Menschen werden das Heil sehen, das von Gott kommt.
Das Volk zog in Scharen zu Johannes hinaus, um sich von ihm taufen zu lassen. Er aber sprach zu ihnen harte Worte:
Ihr Schlangenbrut, wer hat euch denn gesagt, dass ihr dem Gericht Gottes entrinnen könnt? Handelt erst so, dass alle sehen, wie ihr eure Sünden bereut. Es nützt euch nichts, wenn ihr glaubt, dass ihr Menschen aus Gottes erwähltem Volk seid, Kinder Abrahams. Denn ich sage euch: Gott kann andere Menschen als sein Volk erwählen. Und er kann aus diesen Steinen Kinder Abrahams machen. Gott richtet sein Volk so, wie ein Gärtner seinen Obstgarten bearbeitet: Jeder Baum, der keine gute Frucht hervorbringt, wird umgehauen und ins Feuer geworfen. Und schon ist die Axt an die Wurzel der Bäume gelegt!
Da fragten ihn die Leute: Was sollen wir also tun? Johannes antwortete ihnen: Wer zwei Gewänder hat, der gebe eines davon dem, der keines hat, und wer zu essen hat, der gebe dem etwas,

der nichts hat. Es kamen auch Zöllner zu ihm, um sich taufen zu lassen. Sie fragten: Meister, was sollen wir tun? Johannes sagte zu ihnen: Verlangt von den Leuten nicht mehr Zoll, als festgesetzt ist. Auch Soldaten fragten ihn: Was sollen wir denn tun? Und er sagte zu ihnen: Misshandelt niemanden, erpresst niemanden, begnügt euch mit eurem Lohn!
Das Volk war voll Erwartung und alle überlegten, ob Johannes nicht vielleicht selbst der Messias sei. Doch Johannes gab ihnen allen zur Antwort: Ich taufe euch nur mit Wasser. Es kommt aber einer nach mir, der stärker ist als ich. Und ich bin es nicht wert, ihm die Schuhe aufzuschnüren. Er wird euch mit heiligem Geist und mit Feuer taufen. Schon hält er die Wurfschaufel in der Hand, um die Spreu vom Weizen zu trennen und den Weizen in seine Scheune zu bringen.
Eines Tages kam auch Jesus zu Johannes, um sich taufen zu lassen. Und während er betete, öffnete sich der Himmel und der heilige Geist kam in Gestalt einer Taube auf ihn herab. Eine Stimme aus dem Himmel sprach: Du bist mein geliebter Sohn, an dir habe ich Gefallen gefunden.

Johannes tadelte auch den König Herodes, weil er seinem Bruder die Frau weggenommen und manch andere Gemeinheiten verübt hatte. Deshalb ließ Herodes den Johannes ins Gefängnis werfen und ihn später dort umbringen. Viele Menschen waren enttäuscht, weil Johannes verhaftet worden war. Denn sie hatten ihn für den Messias gehalten. Da kam Jesus und sagte über Johannes: Was habt ihr sehen wollen, als ihr zu ihm hinausgegangen seid? Einen Propheten? Ja, ich sage euch: Ihr habt sogar mehr gesehen als einen Propheten. Er ist es, von dem es in der Schrift heißt:
Ich sende meinen Boten vor dir her,
er soll den Weg für dich bahnen.

Die Taufe durch Johannes muss für Jesus ein Schlüsselerlebnis gewesen sein. Er wurde sich über seine Sendung und seinen Auftrag klar. Wie alle Menschen wurde auch Jesus in Versuchung gebracht, dem Bösen in seinem Leben Raum zu geben. Die Menschen damals nannten das Böse „Teufel“ oder „Widersacher Gottes“. Jesus hat sich dem Bösen widersetzt. Das hat seine besondere Sendung durch Gott befestigt. Er trat dann zunächst wie ein Prophet auf, predigte und machte durch besondere Zeichen auf seine Botschaft aufmerksam. Seiner Familie und den Leuten in seiner Heimat war das unangenehm; sie lehnten ihn sogar ab.

Wenn du Gottes Sohn bist …

Erfüllt vom Heiligen Geist, verließ Jesus die Gegend am Jordan. Darauf führte ihn der Geist vierzig Tage lang in der Wüste umher und dabei wurde Jesus vom Teufel in Versuchung geführt. Die ganze Zeit über aß er nichts; als aber die vierzig Tage vorüber waren, hatte er Hunger.
Da sagte der Teufel zu ihm: Wenn du Gottes Sohn bist, so befiehl diesem Stein, zu Brot zu werden. Jesus antwortete ihm: In der Schrift heißt es: Der Mensch lebt nicht nur von Brot.
Da führte ihn der Teufel auf einen hohen Berg und zeigte ihm in einem einzigen Augenblick alle Reiche der Erde. Und er sagte zu ihm: All die Macht und Herrlichkeit dieser Reiche will ich dir geben; denn sie sind mir überlassen und ich gebe sie, wem ich will. Wenn du vor mir niederfällst und mich anbetest, wird alles dir gehören. Jesus antwortete ihm: In der Schrift steht: Nur vor dem Herrn, deinem Gott, sollst du dich niederwerfen und ihm allein dienen.
Darauf führte ihn der Teufel nach Jerusalem, stellte ihn oben auf den Tempel und sagte zu ihm: Wenn du Gottes Sohn bist, so stürz dich von hier hinab; denn es heißt in der Schrift: Seinen Engeln befiehlt er, dich zu behüten, und: Sie werden dich auf ihren Händen tragen, damit dein Fuß nicht an einen Stein stößt.
Da antwortete ihm Jesus: Die Schrift sagt: Du sollst den Herrn, deinen Gott, nicht auf die Probe stellen. Nach diesen Versuchungen ließ der Teufel für eine gewisse Zeit von ihm ab.

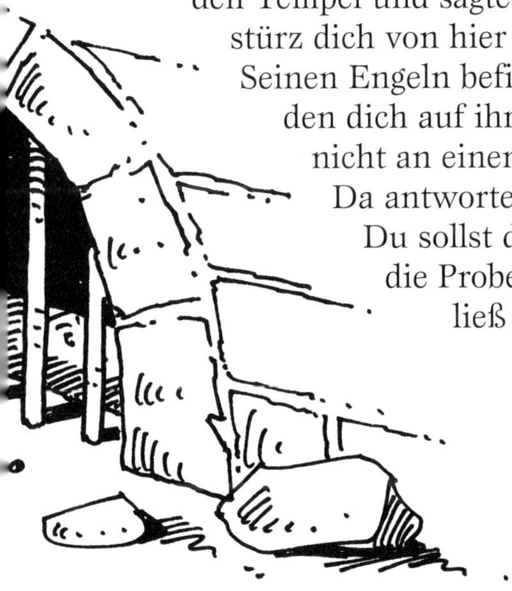

Jesus findet in seiner Heimat keine Freunde

Jesus kehrte, erfüllt von der Kraft des Geistes, nach Galiläa zurück und lehrte in den Synagogen.
So kam er auch nach Nazaret, wo er aufgewachsen war, und ging, wie gewohnt, am Ruhetag in die Synagoge. Als er aufstand, um aus der Schrift vorzulesen, reichte man ihm das Buch des Propheten Jesaja. Er schlug das Buch auf und fand die Stelle, wo es heißt:
Der Geist des Herrn ruht auf mir;
denn der Herr hat mich gesalbt.
Er hat mich gesandt,
damit ich den Armen eine gute Nachricht bringe;
damit ich den Gefangenen die Entlassung verkünde
und den Blinden das Augenlicht;
damit ich die Zerschlagenen in Freiheit setze
und ein Gnadenjahr des Herrn ausrufe.
Dann schloss er das Buch, gab es dem Synagogendiener und setzte sich. Die Augen aller in der Synagoge waren auf ihn gerichtet.
Da begann er, ihnen zu erklären: Heute hat sich das Schriftwort, das ihr eben gehört habt, erfüllt. Seine Rede fand zuerst bei allen Beifall. Sie staunten darüber, wie begnadet er redete, und sagten: Ist das nicht der Sohn Josefs?
Da entgegnete er ihnen: Sicher werdet ihr sagen: Wenn du in Kafarnaum so große Dinge getan hast, dann tu sie auch hier in deiner Heimat! Und er fügte hinzu: Amen, das sage ich euch: Kein Prophet wird in seiner Heimat anerkannt. Wahrhaftig, das sage ich euch: In Israel gab es viele Witwen in den Tagen des Propheten Elija, als es drei Jahre und sechs Monate regnete und eine große Hungersnot über das ganze Land kam. Aber zu keiner von ihnen wurde Elija gesandt, nur zu einer ausländischen Witwe in

Sarepta bei Sidon. Und viele Aussätzige gab es in Israel zur Zeit des Propheten Elischa. Aber keiner von ihnen wurde geheilt, nur der Syrer Naaman.
Als die Leute in der Synagoge das hörten, wurden sie sehr wütend. Sie sprangen auf und trieben Jesus zur Stadt hinaus. Sie brachten ihn an den Abhang des Berges, auf dem ihre Stadt erbaut war, und wollten ihn hinabstürzen. Er aber schritt mitten durch die Menge hindurch und ging weg.

Jesus sucht Freunde, seine Jünger

Nachdem Jesus sich von Johannes hatte taufen lassen, begann er zu predigen: Die Zeit ist erfüllt. Kehrt um, das Reich Gottes ist nahe. Er machte immer mehr Leute auf sich aufmerksam. Nun suchte er Freunde, die mit ihm gehen und predigen wollten. Jesus hatte seine Kindheit in der Nähe des Sees Gennesaret verbracht. Er kannte wohl viele Fischer, die dort ihre Boote liegen hatten. Immer wenn es dunkel wurde, fuhren die Fischer auf den See hinaus, um ihre Netze auszuwerfen. Vielleicht durfte Jesus als Kind auch schon manchmal mitfahren. Er wusste ganz genau, dass man nachts am besten Fische fängt. Dort bei den Fischern am See fand er die ersten

Freunde, die ihm folgten und seine Jünger wurden. Am überraschenden Erfolg beim Fischen erkannten sie, dass Jesus mehr als ein gewöhnlicher Mensch war.

Jesus stand am Ufer des Sees Gennesaret. Viele Menschen drängten sich um ihn und wollten das Wort Gottes hören. Da sah Jesus zwei Boote am Ufer liegen. Die Fischer waren ausgestiegen und wuschen ihre Netze. Jesus stieg in das Boot, das dem Petrus gehörte. Er bat ihn: Fahre ein Stück weit vom Land weg. Dann setzte er sich und lehrte die Menschen vom Boot aus. Als er seine Rede beendet hatte, sagte er zu Petrus: Fahr hinaus auf den See! Dort wirf deine Netze zum Fang aus! Petrus antwortete ihm: Meister, wir haben die ganze Nacht gearbeitet und nichts gefangen. Doch wenn du es sagst, werde ich die Netze noch einmal auswerfen. Petrus und die anderen Fischer warfen ihre Netze aus und sie fingen eine so große Menge Fische, dass die Netze zu reißen drohten. Deshalb winkten sie ihren Gefährten im anderen Boot, sie sollten kommen und ihnen helfen. Sie kamen und gemeinsam füllten sie beide Boote bis zum Rand, so dass sie fast untergingen. Als Petrus das sah, fiel er Jesus zu Füßen und sagte: Geh weg von mir. Ich bin ein Sünder. Denn er und alle seine Begleiter waren erstaunt und erschrocken, weil sie so viele Fische gefangen hatten. Dazu gehörten auch Jakobus und Johannes, die Söhne des Zebedäus, die mit Petrus zusammenarbeiteten. Da sagte Jesus zu Petrus: Fürchte dich nicht! Von jetzt an sollst du mit mir kommen. Du sollst nicht mehr Fische, sondern Menschen fangen. Und die Fischer zogen die Boote an Land, ließen alles zurück und gingen mit Jesus mit.

Frauen folgen Jesus

In der folgenden Zeit wanderte Jesus von Stadt zu Stadt und von Dorf zu Dorf und verkündete das Evangelium vom Reich Gottes. Er fand viele Freunde, die seine Jünger sein wollten, vor allem zwölf ganz nahe Freunde, die ihn überallhin begleiteten. Auch einige Frauen folgten Jesus, nachdem er sie von bösen Geistern und von Krankheiten geheilt hatte: Maria aus Magdala, aus der sieben Dämonen ausgefahren waren, Johanna, die Frau des Chuzas, eines Beamten des Herodes, Susanna und viele andere. Sie alle unterstützten Jesus und die Jünger mit dem, was sie besaßen.

Wenn Gott wirkt ...

Jesus mochte die Menschen. Zwar wollte er manchmal allein sein, um neue Kraft zu sammeln. Doch meistens zog er mit seinen Jüngern von Ort zu Ort. Er erzählte den Menschen, wie es zugeht, wenn Gott mitten unter ihnen wohnt. Natürlich kamen auch Leute zu Jesus, die krank waren, Sorgen hatten oder aus anderen Gründen unglücklich waren. Sie alle fühlten sich in seiner Nähe geborgen. Sie waren dankbar für ein gutes Wort. Die Begegnung mit Jesus machte sie frei. Sie fanden Mut zu einem neuen Leben und setzten ihre ganze Hoffnung auf ihn. Viele konnte Jesus gesund machen.
Solche Zeichen und Wunder haben seine Jünger später immer wieder erzählt.
Für sie war klar: Wenn Gott durch Jesus solche Zeichen der Hoffnung setzt, dann wird Gottes Schöpfung wirklich neu - wie sie am Anfang gemeint war.

Steh auf und geh umher

Ein anderes Mal versammelten sich wieder viele Menschen um ihn, die aus den Dörfern Galiläas und Judäas und aus Jerusalem gekommen waren.
In einem der Dörfer wollten die Leute einen Mann, der sich nicht mehr bewegen und nicht mehr gehen konnte, in ein Haus bringen, um ihn Jesus zu Füßen zu legen. Als sie jedoch merkten, dass sie ihn nicht nahe genug an Jesus heranbringen konnten, stiegen sie auf das Dach, deckten die Ziegel ab und ließen den Gelähmten in der Mitte des Hauses hinunter, genau vor Jesus hin. Wie hätten sie sonst den kranken Mann zu Jesus bringen sollen? Als Jesus bemerkte, wie wichtig dem Mann die Begegnung mit ihm war, beugte er sich zu ihm, legte seine Hand auf seine Schulter und sagte: Ich will dir helfen, damit du wieder gesund und glücklich leben kannst. Ich will all das wegnehmen, was dich in deinem Leben traurig macht. Deine Sünden sind dir vergeben. Um Jesus herum standen jedoch nicht nur Leute, die ihm ganz vertrauten, sondern auch solche, die nicht glauben wollten, was sie gesehen hatten. Sie fragten ihn: Wer außer Gott kann Sünden vergeben? Er antwortete ihnen: Was ist leichter, zu sagen: Deine Sünden sind dir vergeben!, oder zu sagen: Steh auf und geh umher? Und er sagte zu dem Gelähmten: Ich sage dir: Steh auf, nimm dein Bett und geh nach Hause. Im gleichen Augenblick stand der Mann vor aller Augen auf. Jesus sagte ihm: Du sollst wieder das machen können, was du machen willst. Der Mann konnte sein Glück zunächst überhaupt nicht fassen. Er fühlte sich wie jemand, für den das Leben noch einmal neu beginnt.

Ich möchte wieder sehen

Jesus kam mit einer großen Menschenmenge und mit seinen Jüngern in die Nähe von Jericho. Da saß an der Straße ein blinder Bettler. Er hieß Bartimäus. Als er hörte, dass Jesus vorbeikam, rief er ganz laut: Jesus, habe Erbarmen mit mir! Viele wurden darüber ärgerlich und befahlen ihm zu schweigen. Er aber schrie noch viel lauter: Jesus, Sohn Davids, habe Erbarmen mit mir! Da blieb Jesus stehen und sagte: Ruft ihn her zu mir! Sie gingen zu dem Blinden und sagten zu ihm: Sei mutig, Jesus hat dich gerufen. Da warf er seinen Mantel weg und rannte auf Jesus zu. Jesus fragte ihn: Was soll ich dir tun? Der Blinde antwortete: Jesus, ich möchte wieder sehen können. Da sagte Jesus zu ihm: Geh! Dein Glaube hat dir geholfen. Sogleich konnte er wieder sehen und folgte Jesus nach.

Jesus bricht die Brote und lässt sie austeilen

Die Jünger versammelten sich wieder um Jesus und berichteten ihm, was sie getan und gelehrt hatten. Da sagte er zu ihnen: Kommt mit an einen einsamen Ort, wo wir allein sind, und ruht euch ein wenig aus. Denn sie fanden nicht einmal Zeit zum Essen, so zahlreich waren die Leute, die Jesus zuhören wollten. So fuhren sie mit dem Boot in eine einsame Gegend, um allein zu sein. Doch die Menschen hatten gesehen, wohin Jesus mit seinen Freunden gefahren war, und folgten ihm. Als Jesus aus dem Boot stieg, kamen immer mehr herbeigeeilt. Es waren wohl Fünftausend. Am Abend sagten die Jünger zu Jesus: Was sollen die Menschen essen, wo sollen sie nachts schlafen? In dieser Gegend gab es keine Häuser. Man konnte in der Nähe auch nichts zu essen kaufen. Die Menschen waren von den Worten Jesu so begeistert, dass sie überhaupt nicht ans Essen gedacht hatten.

Da sagte Jesus zu den Jüngern: Gebt ihr ihnen zu essen! Sie sagten zu ihm: Sollen wir etwa weggehen und Brote kaufen? Er sagte zu ihnen: Wie viele Brote habt ihr denn? Geht und seht nach! Sie sahen nach und berichteten: Fünf Brote und außerdem zwei Fische. Da bat er die Menschen, sich in Gruppen auf das Gras zu setzen. Er nahm die fünf Brote und die zwei Fische, blickte zum Himmel, lobte und dankte Gott, brach die Brote und gab sie den Jüngern zum Austeilen. Auch die zwei Fische ließ er verteilen. Alle aßen und wurden satt. Die Jünger sammelten die Reste der Brote und der Fische ein und füllten damit zwölf Körbe.

Wo ist euer Glaube?

Eines Tages stieg Jesus mit seinen Jüngern in ein Boot und sagte zu ihnen: Wir wollen an das andere Ufer des Sees hinüberfahren. Und sie fuhren ab. Während der Fahrt schlief Jesus ein. Der Wind blies immer stärker und stärker; ein kräftiger Sturm brach über dem See los. Immer höher schlugen die Wellen ins Boot. Die Jünger gerieten in Panik. Voller Angst weckten sie Jesus. Sie riefen: Jesus, das Schiff füllt sich mit Wasser, wir gehen unter! Jesus stand auf und schaute sich um. Er sah die hohen Wellen und hörte das Brausen des Windes. Er drohte dem Wind und den Wellen. Da legte sich der Wind und die Wellen beruhigten sich. Die Jünger staunten und hatten keine Angst mehr. Da sagte Jesus zu ihnen: Wo ist euer Glaube? Sie aber fragten einander ganz erschrocken: Was ist das für ein Mensch, dass ihm sogar Wind und Wellen gehorchen?

Jesus liebt vor allem die Kleinen

Jesus beachtete besonders die Menschen, die von anderen übersehen wurden. So erzählt eine Geschichte von einem Mann namens Zachäus, der so klein war, dass Jesus ihn in der Menschenmenge eigentlich nicht sehen konnte. Jesus bemerkte ihn aber trotzdem und wurde sogar sein Freund. Und das geschah so.

Heute muss ich in deinem Haus sein

Zachäus war ein reicher Zolleintreiber, der in Jericho lebte. Er war deswegen so reich, weil er mit den Römern zusammenarbeitete und von vielen Menschen mehr Geld gefordert hatte, als erlaubt war. Gerade deswegen mochten ihn die Leute nicht und Zachäus hatte keinen richtigen Freund.

Als nun Jesus einmal nach Jericho kam und durch die Stadt ging, hörte auch Zachäus davon. Er lief auf die Straße, um Jesus zu sehen, doch die riesige Menschenmenge versperrte ihm die Sicht - er war ja sehr klein. Darum lief er voraus und stieg dort auf einen Maulbeerfeigenbaum. Von hier aus kann ich Jesus gut sehen, wenn er vorbeikommt, dachte er. Als Jesus nun tatsächlich an dem Baum vorbeikam, schaute er nach oben, sah Zachäus im Baum sitzen und sagte zu ihm: Zachäus, komm schnell herunter! Denn ich muss heute in deinem Haus zu Gast sein. Da kletterte Zachäus schnell herab und nahm Jesus voller Freude bei sich auf.

Die anderen
Bewohner von Jericho
ärgerten sich darüber und
sagten: Zu so jemandem
geht er ins Haus! Zachäus
wusste, was sie dachten, und
als er mit Jesus zusammen
war, tat es ihm leid, dass er
vielen Menschen Unrecht getan
hatte. Deshalb sagte er zu Jesus:
Jesus, ich habe von vielen
Menschen zuviel Geld genommen. Das will
ich jetzt wieder gut machen. Ich werde ihnen
das Vierfache zurückgeben. Und die Hälfte meines Besitzes will
ich den Armen schenken! Da sagte Jesus zu ihm: Das hast du dir
gut überlegt, darüber freue ich mich sehr!
Darum bin ich ja auch zu dir gekommen, denn ich will Menschen,
die Schlechtes getan haben und die darum keiner mehr mag,
suchen und retten.

Lasst die Kinder zu mir kommen

Auch Kinder hatten es manchmal schwer, an Jesus heranzukommen. Als Jesus einmal auf dem Weg nach Jerusalem war, begleitete ihn wieder eine große Schar von Jüngern. Auf dem Weg kamen ihnen Menschen entgegen, Männner, Frauen und Kinder. Als sie Jesus sahen, wollten sie, dass Jesus den Kindern die Hände auf den Kopf legte, sie segnete und für sie betete. Aber die Jünger wollten die Kinder nicht zu Jesus lassen.
Da wurde Jesus zornig auf seine Jünger und sagte: Lasst die Kinder zu mir kommen, hindert sie nicht daran! Denn Menschen wie ihnen gehört das Himmelreich!
Und er schob die Jünger beiseite, ging zu den Kindern, umarmte jedes und legte jedem einzelnen die Hände auf den Kopf.

Freuen könnt ihr euch ...

Jesus zog im ganzen Land umher, er verkündete die frohe Botschaft von Gott und heilte alle Krankheiten und Leiden. Scharen von Menschen folgten ihm. Als Jesus die vielen Menschen sah, stieg er auf einen Berg. Er setzte sich und seine Jünger traten zu ihm. Dann schaute er auf die Menschen, die ihm gefolgt waren: Arme, Trauernde, Hilflose, die den anderen Menschen gleichgültig waren. Ihnen sagte er:

Freuen könnt ihr euch, ihr Armen, denn euch gehört das Reich Gottes.

Freuen könnt ihr euch, die ihr jetzt hungert nach Brot und Gerechtigkeit, denn ihr werdet satt.

Freuen könnt ihr euch, die ihr jetzt weint, denn ihr werdet lachen.

Freuen können sich alle, die keine Gewalt anwenden; sie leben schon jetzt mit Gott.

Freuen können sich alle, die barmherzig sind; Gott hat mit ihnen Erbarmen.

Freuen können sich alle mit einem reinen Herzen; sie können Gott sehen.

Freuen können sich alle, die Frieden stiften; sie sind Kinder Gottes.

Freuen könnt ihr euch, auch wenn euch die Menschen nicht leiden können und aus ihrer Gemeinschaft ausstoßen, auch wenn sie euch beschimpfen und euch schlecht machen wie früher die Propheten.

Freut euch und jauchzt. In der Gemeinschaft mit Gott habt ihr es gut.

Ihr seid das Salz …

Ihr seid das Salz der Erde. Wenn das Salz seinen Geschmack verliert, womit kann man es wieder salzig machen? Es taugt zu nichts mehr; es wird weggeworfen und von den Leuten zertreten. Ich seid das Licht der Welt. Eine Stadt, die auf einem Berg liegt, kann nicht verborgen bleiben. Man zündet auch nicht ein Licht an und stellt es unter ein Gefäß, sondern man stellt es auf den Leuchter; dann leuchtet es allen im Haus.
So soll euer Licht vor den Menschen leuchten, damit sie sehen, wie gut ihr handelt.

Wenn ihr betet …

Wenn ihr betet, sollt ihr nicht viele Worte machen. Euer Vater weiß ja, was ihr braucht, schon bevor ihr ihn bittet.
Ihr sollt einfach beten:
Unser Vater im Himmel,
geheiligt werde dein Name.
Dein Reich komme.
Dein Wille geschehe
wie im Himmel so auf Erden.
Unser tägliches Brot gib uns heute.
Und vergib uns unsere Schuld,
wie auch wir vergeben unseren Schuldigern.
Und führe uns nicht in Versuchung,
sondern erlöse uns von dem Bösen.
Denn wie ihr den Menschen vergebt, was sie euch angetan haben,
so wird euch auch euer himmlischer Vater vergeben.

Goldene Regel

Alles, was ihr von anderen erwartet, das tut auch ihnen! Mehr braucht ihr nicht zu tun.

Auf den Felsen bauen

Wer all meine Worte hört und danach handelt, der verhält sich wie ein kluger Mann, der sein Haus auf Fels baute. Ein Wolkenbruch kam, die Wassermassen fluteten heran, die Stürme tobten und rüttelten an dem Haus. Doch es stürzte nicht ein, denn es war auf Fels gebaut. Wer aber meine Worte hört und nicht danach handelt, ist wie ein unvernünftiger Mann, der sein Haus auf Sand baute. Ein Wolkenbruch kam, die Wassermassen fluteten heran, die Stürme tobten und rüttelten an dem Haus. Da stürzte es ein und wurde völlig zerstört.
Als Jesus zu reden aufgehört hatte, waren die Leute tief bewegt von seinen Worten. Denn sie merkten: Hier hat Gott selber gesprochen.

Jesus erzählt ...

Jesus lebte in Israel. Die Menschen dort sprechen eine andere Sprache. Vor allem haben sie viel Freude am Erzählen. Jesus hat zum Beispiel viele Gleichnisse erzählt. Es sind Alltagsgeschichten, in denen er zeigt, wie Gott in unserem Leben mit uns geht. Viele dieser Gleichnisse haben sich die Leute auch nach Jesu Tod weitererzählt, weil sie zeigen, wie nahe Gott uns ist und wie wichtig wir ihm sind, damals, heute und jeden Tag neu.

... vom unbegreiflich gütigen Vater

Ein Mann hatte zwei Söhne. Der jüngere sagte zu seinem Vater: Vater, gib mir den Teil des Erbes, der mir zusteht. Da teilte der Vater das Vermögen auf. Gleich packte der jüngere Sohn seine Sachen und zog in ein fernes Land. Dort lebte er in Saus und Braus und gab das ganze Geld aus. Dann kam eine große Hungersnot und er hatte nicht einmal etwas zu essen. Er arbeitete als Schweinehirt. Gern hätte er wenigstens das Schweinefutter gegessen, aber nicht einmal das bekam er.
Schließlich hatte er es satt und fing an zu überlegen: Alle Arbeiter meines Vaters haben mehr als genug zu essen und ich komme hier vor Hunger fast um. Ich will zu meinem Vater zurückkehren und ihm sagen: Ich habe alles falsch gemacht. Ich bin nicht mehr wert, dein Sohn zu sein. Mach mich zu einem deiner einfachen Arbeiter. Dann kehrte er zu seinem Vater zurück.

Der Vater hatte jeden Tag nach ihm Ausschau gehalten. So sah er ihn schon von Weitem kommen. Er freute sich unglaublich, seinen Sohn wieder zu sehen. Freudig lief er ihm entgegen, fiel er ihm um den Hals und küsste ihn. Da sagte der Sohn: Vater, ich habe alles falsch gemacht. Bestimmt kannst du mich jetzt nicht mehr leiden und Gott mag mich sicher auch nicht mehr. Ich kann nicht mehr dein Sohn sein. Aber mach mich wenigstens zu einem deiner Arbeiter.

Der Vater jedoch sagte zu seinen Knechten: Holt schnell das beste Gewand und zieht es ihm an, steckt ihm einen Ring an die Hand und zieht ihm Schuhe an. Schließlich ist und bleibt er doch mein Sohn. Bringt das beste Kalb her und schlachtet es.

Wir wollen essen und fröhlich sein. Denn mein Sohn war tot und lebt wieder; er war verloren und ist wiedergefunden worden. Und sie begannen ein fröhliches Fest zu feiern.

Sein älterer Sohn war zu dieser Zeit gerade auf dem Feld. Als er heimging und in die Nähe des Hauses kam, hörte er Musik und Tanz. Da rief er einen der Knechte und fragte, was das zu bedeuten habe. Dieser antwortete: Dein Bruder ist zurückgekommen und dein Vater hat das beste Kalb schlachten lassen, weil er ihn gesund wieder bekommen hat. Da wurde der ältere Bruder zornig und wollte nicht hineingehen.
Sein Vater kam heraus und redete ihm gut zu. Doch er antwortete dem Vater: So viele Jahre schon arbeite ich bei dir. Nie habe ich etwas gegen deinen Willen gemacht. Und du? Nie hast du mir auch nur eine Ziege geschenkt, damit ich mit meinen Freunden hätte ein kleines Fest feiern können. Kaum aber ist mein Bruder gekommen, der dein ganzes Geld verjubelt hat, schlachtest du für ihn gleich das beste Kalb. Da antwortete sein Vater: Mein Sohn, du bist immer bei mir und alles, was ich habe, gehört auch dir. Aber jetzt müssen wir uns doch freuen und ein Fest feiern. Denn dein Bruder war wie tot und lebt wieder. Er war wie verloren und ist wiedergefunden worden.

... vom barmherzigen Samariter

Zur Zeit Jesu lebten verschiedene Volksgruppen in Israel, die kaum Berührung miteinander hatten. Die Leute aus Samarien z.B. galten als Fremde. Und die Römer, die das Land beherrschten, waren nicht nur Fremde, sondern galten obendrein noch als Menschen ohne Glauben. Die Lehrer der Heiligen Schriften stritten darüber, für wen die Gebote und Gesetze, die in der Bibel stehen, eigentlich gelten sollten und welche Gebote die wichtigsten sind. Manche dachten kleinlich und wollten alles ganz genau machen. Andere meinten: Wenn wir alle Vorschriften einhalten, dann ist das genug, mehr brauchen wir nicht zu tun. Wieder andere hatten Angst, sie könnten vielleicht nicht genug tun, um vor Gott bestehen zu können. Nicht alle hatten Zeit und Gelegenheit, sich an jedes Gebot und an jede Vorschrift zu halten. Manche waren auch gar nicht so gebildet und wussten deshalb nicht genau Bescheid, wonach sie sich richten sollten. Ihnen allen galt die folgende Geschichte.

Ein Lehrer der Heiligen Schriften wollte Jesus auf die Probe stellen und fragte ihn: Meister, was muss ich tun, um so zu leben, dass ich von Gott angenommen bin? Jesus sagte zu ihm: Was steht denn in der Bibel? Er antwortete: Du sollst den Herrn, deinen Gott, lieben mit ganzem Herzen und ganzer Seele, mit all deiner Kraft und mit all deinen Gedanken. Und es heißt dort auch: Deinen Nächsten sollst du lieben wie dich selbst. Jesus sagte zu ihm: Du hast richtig geantwortet. Handle so und du wirst leben und von Gott angenommen sein. Der Lehrer der Heiligen Schriften war damit aber nicht zufrieden. Er fragte weiter: Und wer ist mein Nächster?
Darauf antwortete ihm Jesus mit einer Erzählung: Ein Mann ging von Jerusalem nach Jericho hinab; eine Stadt, die 27 Kilometer von Jerusalem entfernt und etwa 1000 Meter tiefer als Jerusalem in einer Senke des Jordanflusses lag. Der Weg führte durch eine Felswüste mit vielen Schluchten und Höhlen. Der Mann wurde von Räubern überfallen. Sie plünderten ihn aus und ließen ihn halbtot liegen. Zufällig kam auch ein Priester denselben Weg herab. Er kam vom Tempeldienst in Jerusalem. Er sah ihn und ging weiter. Es kam auch ein Tempeldiener dort vorbei. Er sah ihn und ging weiter. Dann kam ein Mann aus Samarien, der auf der Reise war. Die Leute aus Samarien galten als Fremde, obwohl sie im gleichen Land wohnten. Als der Samariter den Überfallenen sah,

hatte er Mitleid, ging zu ihm hin und verband seine Wunden. Dann hob er ihn auf seinen Esel, brachte ihn zu einer Herberge und sorgte für ihn. Am anderen Morgen gab er dem Wirt Geld und sagte: Sorge für ihn; und wenn du mehr Geld brauchst, werde ich es dir bezahlen, wenn ich wieder vorbeikomme.
Was meinst du nun?, fragte Jesus. Wer war für den Überfallenen der Nächste: der Priester, der Tempeldiener oder der Mann aus Samarien? Der Lehrer der Heiligen Schriften antwortete Jesus: Der, der barmherzig an ihm gehandelt und ihm geholfen hat.
Da sagte Jesus zu ihm: Dann geh und handle genauso!

Jesus hat in seinen Gleichnissen darauf aufmerksam gemacht, dass Gott jeden Menschen in seine Nähe ruft. Es sind die Menschen selbst, die durch ihr eigenes Verhalten die Einladung Gottes ablehnen oder annehmen.

… vom großen Festmahl

Jesus sagte: Ein Mann lud zu einem großen Festmahl viele Leute ein. Als es dann soweit war, ließ er den eingeladenen Gästen mitteilen: Kommt, es steht alles bereit! Aber einer nach dem andern hatte eine Ausrede und sagte ab. Der erste ließ sagen: Ich haben eine Acker gekauft und muss ihn jetzt besichtigen. Bitte, entschuldige mich! Ein anderer sagte: Ich habe einige Ochsen gekauft und muss sie mir ansehen. Bitte, entschuldige mich! Wieder ein anderer sagte: Ich habe gerade geheiratet und kann deshalb nicht kommen. Bitte, entschuldige mich!
Da wurde der Mann zornig und sagte zu seinem Diener: Geh auf die Straßen der Stadt und hole die Armen und Krüppel, die Blinden und Lahmen herbei. Das tat der Diener. Dann sagte er: Es ist immer noch Platz. Da sagte der Mann zu ihm: So geh auf die Landstraßen vor der Stadt und lade alle ein, bis mein Haus zum Festmahl voll ist.
Euch aber, die ihr mir gerade zuhört, sage ich: Keiner von denen, die am Anfang eingeladen waren, wird an meinem Festmahl teilnehmen.

Ich war hungrig und ihr habt mir zu essen gegeben ...

Wenn der Menschensohn in seiner Herrlichkeit kommt und alle Engel mit ihm, dann wird er sich auf den Thron seiner Herrlichkeit setzen. Alle Menschen werden vor ihm zusammengerufen werden und er wird die, die Gutes getan haben, von denen trennen, die Böses getan haben.
Dann wird der König zu den Guten sagen: Kommt her, die ihr von meinem Vater gesegnet seid, nehmt das Reich in Besitz, das seit Erschaffung der Welt euch bestimmt ist! Denn ich war hungrig und ihr habt mir zu essen gegeben; ich war durstig und ihr habt mir zu trinken gegeben; ich war fremd und obdachlos und ihr habt mich aufgenommen; ich war nackt und ihr habt mir Kleidung gegeben; ich war krank und ihr habt mich besucht; ich war im Gefängnis und ihr seid zu mir gekommen. Dann werden sie ihm antworten: Herr, wann haben wir dich hungrig gesehen und dir zu essen gegeben oder durstig und dir zu trinken gegeben? Und wann haben wir dich fremd und obdachlos gesehen und aufgenommen oder nackt und dir Kleidung gegeben? Und wann haben wir dich krank oder im Gefängnis gesehen und sind zu dir gekommen?Darauf wird der König ihnen antworten: Amen, ich sage euch: Was ihr für einen meiner geringsten Brüder getan habt, das habt ihr mir getan.

Jesus leidet ...

Jesus wollte, dass seine Botschaft nicht nur in seiner Heimat Galiläa gehört würde, sondern auch in der Hauptstadt des Landes. So beschloss er, zusammen mit seinen Jüngern zum Passa-Fest nach Jerusalem zu ziehen, um auch dort seine Botschaft zu verkünden.

Jesus zieht in Jerusalem ein

Als sie in die Nähe von Jerusalem zu dem Dorf Betanien kamen, legten die Jünger ihre Kleider auf einen jungen Esel und Jesus setzte sich darauf. Viele Menschen breiteten ihre Kleider auf der Straße aus; andere rissen auf den Feldern Zweige von den Büschen ab und streuten sie auf den Weg. Die Leute, die vor ihm hergingen und die ihm folgten, freuten sich und riefen: Hosanna! Gesegnet bist du! Mit dir kommt das Reich Gottes auch zu uns. Hosanna in der Höhe! Und Jesus zog nach Jerusalem hinein.

Jesus treibt die Händler aus dem Tempel

Am nächsten Tag ging Jesus in den Tempel, das Haus Gottes. Dort war viel los, weil bald das Passa-Fest stattfinden sollte. Es wimmelte von Händlern und Geldwechslern, die auf dem Tempelplatz ihre Geschäfte machten. Darüber wurde Jesus wütend und begann, die Händler und Käufer hinauszutreiben; er stieß die Tische der Geldwechsler und die Stände der Taubenhändler um und sagte: Das Haus Gottes soll ein Haus des Gebetes sein! Ihr aber habt daraus eine Räuberhöhle gemacht!

Die Hohenpriester, die in Jerusalem das Sagen hatten, hörten davon und suchten nach einer Möglichkeit, ihn deshalb vor Gericht zu bringen. Sie fürchteten ihn aber auch, weil viele Leute sehr beeindruckt waren von dem, was Jesus sagte.
Da es zwei Tage vor dem Fest war, sagten sie zueinander:
Bloß nicht am Fest. Es sind jetzt zu viele Leute in der Stadt.
Es könnte Unruhen geben.

Judas verrät Jesus

Als Jesus eines Abends mit seinen Jüngern bei Freunden zu Gast war, kam eine Frau mit einem Alabastergefäß voll echtem, kostbarem Parfumöl, zerbrach es und goss das Öl über sein Haar.
Einige seiner Jünger aber wurden unwillig und sagten zueinander: Wozu diese Verschwendung? Man hätte das Öl um mehr als dreihundert Denare verkaufen und das Geld den Armen geben können. Das verdient ein Arbeiter in einem ganzen Jahr! Und sie machten der Frau heftige Vorwürfe. Jesus aber sagte: Hört auf! Warum lasst ihr sie nicht in Ruhe? Die Armen habt ihr immer bei euch und ihr könnt ihnen Gutes tun, so oft ihr wollt; mich aber habt ihr nicht immer bei euch, denn bald werde ich sterben. Die Frau hat getan, was sie konnte, und hat mir Kraft gegeben. Überall auf der Welt, wo einmal von mir erzählt werden wird, wird man sich auch an sie erinnern und erzählen, was sie heute getan hat.
Judas Iskariot aber, auch einer von den Jüngern, ging zu den Hohenpriestern und wollte Jesus an sie ausliefern. Als sie das hörten, freuten sie sich und versprachen, ihm Geld dafür zu geben. Von da an suchte Judas nach einer günstigen Gelegenheit, Jesus zu verraten.

Ich habe euch ein Beispiel gegeben

Am Tag vor dem Passa-Fest, an dem man ein Lamm schlachtete und zusammen aß, feierte auch Jesus mit seinen Jüngern. Bevor jedoch das Passa-Mahl begann, stand Jesus auf, legte sein Gewand ab und band sich ein Leinentuch um. Dann goss er Wasser in eine Schüssel und begann, den Jüngern wie ein Sklave die Füße zu waschen und mit dem Leinentuch abzutrocknen. Als er zu Petrus kam, sagte dieser zu ihm: Du, Herr, willst mir die Füße waschen? Jesus antwortete ihm: Was ich tue, verstehst du jetzt noch nicht; doch später wirst du es begreifen. Petrus entgegnete ihm: Niemals sollst du mir die Füße waschen! Jesus erwiderte ihm: Wenn ich dir die Füße nicht wasche, kannst du nicht zu mir gehören. Da sagte Petrus zu ihm: Herr, wenn das so ist, dann wasche mir nicht nur meine Füße, sondern auch die Hände und den Kopf. Jesus sagte zu ihm: Ich brauche dir nur die Füße zu waschen. Du bist rein, aber nicht alle von euch sind es. Jesus wusste nämlich, wer von seinen Jüngern ihn verraten würde. Als er ihnen die Füße gewaschen, sein Gewand wieder angelegt und Platz genommen hatte, sagte er zu ihnen: Begreift ihr, was ich an euch getan habe?
Ihr sagt zu mir Meister und Herr und ihr nennt mich mit Recht so; denn ich bin es. Wenn nun ich, der Herr und Meister, euch wie ein Sklave die Füße gewaschen habe, was heißt das dann für euch? Ich habe euch ein Beispiel gegeben, damit ihr euch nicht zu Herren über andere macht, sondern einander helft. Nichts soll euch für eure Freunde zuviel sein.

Ich teile mein Leben mit euch

Während sie bei Tisch waren und aßen, sagte er: Einer von euch wird mich verraten und ausliefern, einer von denen, die zusammen mit mir essen. Da wurden sie traurig und einer nach dem andern fragte ihn: Doch nicht etwa ich? Er sagte zu ihnen: Einer von euch, der mit mir aus derselben Schüssel isst. Während des Mahls nahm er das Brot und sprach den Lobpreis; dann teilte er das Brot, reichte es ihnen und sagte: Nehmt, das ist mein Leib. So teile ich auch mein Leben mit euch. Dann nahm er den Becher mit Wein, sprach das Dankgebet, reichte ihn den Jüngern und sie tranken alle daraus. Und er sagte zu ihnen: Das ist mein Blut. Es verbindet uns bis in den Tod.

Jesus packt die Todesangst

Nach dem Mahl gingen sie zum Ölberg hinaus. Da sagte Jesus zu ihnen: Keiner von euch wird zu mir halten. Alle werdet ihr davonlaufen. Aber nach meiner Auferstehung werde ich euch nach Galiläa vorausgehen. Da sagte Petrus zu ihm: Auch wenn dich alle verlassen - ich verlasse dich nicht! Jesus antwortete ihm: Noch heute Nacht, ehe der Hahn zweimal kräht, wirst du dreimal behauptet haben, dass du mich nicht einmal kennst. Petrus aber beteuerte: Und wenn ich mit dir sterben müsste, nie würde ich so etwas tun. Das Gleiche sagten auch alle anderen. So kamen sie zu einem Grundstück, das Getsemani heißt, und er sagte zu seinen Jüngern: Setzt euch und wartet hier, während ich bete. Und er nahm Petrus, Jakobus und Johannes mit sich. Da ergriff ihn Furcht und Todesangst und er sagte zu ihnen: Ich bin todtraurig und habe Angst. Bleibt hier und bleibt mit mir wach!

Und er ging ein Stück weiter, warf sich auf die Erde nieder und betete. Er sprach: Abba, mein Vater, alles ist dir möglich. Lass mich nicht so leiden. Aber nicht soll geschehen, was ich will, sondern was du willst. Und er ging zurück und fand die Jünger schlafend. Da sagte er zu den Jüngern: Ihr schlaft? Konntet ihr nicht einmal eine Stunde wach bleiben? Bleibt wach und betet, damit ihr nicht schwach werdet. Und er ging wieder weg und betete mit den gleichen Worten. Als er zurückkam, fand er sie wieder schlafend, denn die Augen waren ihnen zugefallen; und sie wussten nicht, was sie ihm antworten sollten. Und er kam zum dritten Mal und sagte zu ihnen: Schlaft ihr immer noch und ruht euch aus? Es ist genug. Steht auf, wir wollen gehen! Seht, der Verräter, der mich ausliefert, ist da.

Noch während er redete, kam Judas, einer der Jünger, mit einer Schar von Männern, die mit Schwertern und Knüppeln bewaffnet waren; sie waren vom Hohen Rat geschickt worden. Judas hatte mit ihnen ein Zeichen verabredet, wie sie Jesus in der Dunkelheit erkennen könnten: Der, den ich küssen werde, der ist es. Nehmt ihn fest, führt ihn ab und lasst ihn nicht entkommen. Und als er kam, ging er sogleich auf Jesus zu und sagte: Rabbi!

Und er küsste ihn. Da ergriffen sie Jesus und nahmen ihn fest. Einer von denen, die dabeistanden, zog das Schwert, weil er Jesus

verteidigen wollte. Er schlug auf den Diener des Hohenpriesters ein und hieb ihm ein Ohr ab. Jesus gebot ihm Einhalt und heilte das Ohr des Dieners wieder. Zu den anderen Männern aber sagte Jesus: Wie gegen einen Räuber seid ihr mit Schwertern und Knüppeln ausgezogen, um mich festzunehmen. Tag für Tag war ich bei euch im Tempel und lehrte und ihr habt mich nicht verhaftet. Alle seine Jünger aber verließen ihn und flohen aus Angst, auch verhaftet zu werden.

Ich bin es

Man führte Jesus zum Hohenpriester und es versammelte sich der ganze Hohe Rat. Sie bemühten sich um Zeugenaussagen gegen Jesus, um ihn verurteilen zu können; sie fanden aber nichts. Viele machten zwar falsche Aussagen über ihn, aber die Aussagen stimmten nicht überein. Einige der falschen Zeugen, die gegen ihn auftraten, behaupteten: Wir haben ihn sagen hören: Ich werde diesen Tempel niederreißen und in drei Tagen einen anderen errichten, der nicht von Menschenhand gemacht ist. Aber auch in diesem Fall stimmten die Aussagen nicht überein. Da stand der Hohepriester auf, trat in die Mitte und fragte Jesus: Willst du denn nichts sagen zu dem, was diese Leute gegen dich vorbringen? Jesus aber schwieg und gab keine Antwort. Da wandte sich der Hohepriester nochmals an ihn und fragte: Bist du der Messias, der Sohn Gottes? Jesus sagte: Ich bin es. Da zerriss der Hohepriester sein Gewand und rief: Wozu brauchen wir noch Zeugen? Ihr habt diese Gotteslästerung gehört. Was ist eure Meinung? Und sie fällten einstimmig das Urteil: Er ist schuldig. Lasst ihn uns an die Römer ausliefern, damit sie ihn töten. Einige spuckten ihn an, andere schlugen ihn ins Gesicht.

Ich kenne diesen Menschen nicht

Petrus war Jesus von Weitem bis in den Hof des hohepriesterlichen Palastes gefolgt; nun saß er dort bei den Dienern und wärmte sich am Feuer. Da kam eine von den Mägden des Hohenpriesters. Sie sah, wie Petrus sich wärmte, blickte ihn an und sagte: Auch du warst mit diesem Jesus aus Nazaret zusammen. Doch er log und sagte: Ich weiß nicht und verstehe nicht, wovon du redest. Dann ging er in den Vorhof hinaus. Als die Magd ihn dort bemerkte, sagte sie zu denen, die dabeistanden, noch einmal: Der gehört zu den Leuten um Jesus. Er aber log wieder, dass er Jesus nicht kenne. Wenig später sagten die Leute, die dort standen, von Neuem zu Petrus: Du gehörst wirklich zu ihnen; du bist doch auch ein Galiläer. Da fing er an zu fluchen und schwor: Ich kenne diesen Menschen nicht, von dem ihr redet. Gleich darauf krähte der Hahn zum zweiten Mal und Petrus erinnerte sich, dass Jesus zu ihm gesagt hatte: Ehe der Hahn zweimal kräht, wirst du dreimal behauptet haben, dass du mich nicht kennst. Und er begann zu weinen.

Kreuzige ihn!

Gleich in der Frühe ließ der Hohe Rat Jesus fesseln und abführen und lieferte ihn dem römischen Statthalter Pilatus aus. Pilatus fragte Jesus: Bist du der König der Juden, wie diese behaupten? Er antwortete ihm: Du sagst es. Die Hohenpriester brachten bei Pilatus viele Anklagen gegen Jesus vor. Da wandte sich Pilatus wieder an ihn und fragte: Willst du denn nichts dazu sagen? Sieh doch, wie viele Anklagen sie gegen dich vorbringen. Jesus aber gab keine Antwort mehr, so dass Pilatus sich wunderte.

Jeweils zum Fest ließ Pilatus einen Gefangenen frei. Damals saß gerade ein Mann namens Barabbas im Gefängnis, zusammen mit anderen Verbrechern, die bei einem Aufstand einen Mord begangen hatten. Die Volksmenge zog nun zu Pilatus hinauf und bat, ihnen wie in jedem Jahr einen Gefangenen freizulassen. Pilatus fragte sie: Wollt ihr, dass ich Jesus freilasse? Er merkte nämlich, dass die Hohenpriester Jesus nur aus Neid an ihn ausgeliefert hatten. Die Hohenpriester aber hetzten die Menge auf, lieber die Freilassung des Barabbas zu fordern. Pilatus wandte sich von Neuem an sie und fragte: Was soll ich dann mit Jesus tun, den ihr den König der Juden nennt? Da schrien sie: Kreuzige ihn! Pilatus entgegnete: Was hat er denn für ein Verbrechen begangen? Sie schrien noch lauter: Kreuzige ihn! Darauf ließ Pilatus, um die Menge zufriedenzustellen, Barabbas frei und gab den Befehl, Jesus zu geißeln und zu kreuzigen.

Die Soldaten führten ihn in den Palast hinein. Dann legten sie ihm einen Purpurmantel um und flochten einen Dornenkranz; den setzten sie ihm auf und verspotteten ihn: Heil dir, König der Juden! Sie schlugen ihm mit einem Stock auf den Kopf, spuckten ihn an und knieten vor ihm nieder wie vor einem König. Nachdem sie so ihren Spott mit ihm getrieben hatten, nahmen sie ihm den Purpurmantel ab und zogen ihm seine eigenen Kleider wieder an.

Mein Gott, warum hast du mich verlassen?

Dann führten sie Jesus hinaus, um ihn zu kreuzigen. Einen Mann, der gerade vom Feld kam, Simon von Zyrene, zwangen sie, sein Kreuz zu tragen. Und sie brachten Jesus an einen Ort namens Golgota, das heißt übersetzt: Schädelhöhe. Dort zogen sie ihm die Kleider aus und kreuzigten ihn. Sie verlosten seine Kleider unter sich und gaben jedem, was ihm zufiel. Es war am Morgen, als sie ihn kreuzigten. Und eine Aufschrift auf einer Tafel gab seine Schuld an: „Der König der Juden". Zusammen mit ihm kreuzigten sie zwei Räuber, den einen rechts von ihm, den andern links.
Die Leute, die vorbeikamen, verhöhnten ihn, schüttelten den Kopf und riefen: Ach, du willst den Tempel niederreißen und in drei Tagen wieder aufbauen?

Hilf dir doch selbst und steig herab vom Kreuz! Auch die Hohenpriester und die Schriftgelehrten verhöhnten ihn und sagten zueinander: Anderen hat er geholfen, sich selbst kann er nicht helfen. Der Messias, der König von Israel! Er soll doch jetzt vom Kreuz herabsteigen, damit wir sehen und glauben. Auch die beiden Männer, die mit ihm zusammen gekreuzigt wurden, beschimpften ihn.

Als die Mittagsstunde kam, brach über das ganze Land eine Finsternis herein. Sie dauerte bis zum Nachmittag. Da rief Jesus mit lauter Stimme: Mein Gott, mein Gott, warum hast du mich verlassen? Noch einmal schrie er laut auf, dann starb er. Als der römische Hauptmann, der Jesus gegenüber stand, ihn auf diese Weise sterben sah, sagte er: Wirklich, dieser Mensch war Gottes Sohn. Auch einige Frauen sahen von Weitem zu, darunter auch Maria aus Magdala; sie waren Jesus schon in Galiläa nachgefolgt und hatten ihm geholfen. Noch viele andere Frauen waren dabei, die mit ihm nach Jerusalem hinaufgezogen waren.

Da es der Tag vor dem Ruhetag war und es schon Abend wurde, ging Josef von Arimathäa, ein vornehmer Ratsherr, der ein heimlicher Anhänger Jesu war, zu Pilatus und bat ihn um den Leichnam Jesu. Josef kaufte ein Leinentuch, nahm Jesus vom Kreuz, wickelte ihn in das Tuch und legte ihn in ein Grab, das in einen Felsen gehauen war. Dann wälzte er einen Stein vor den Eingang des Grabes.

Jesus lebt ...

Maria war in Magdala am See Gennesaret zu Hause. Der kleine Fischerort war nicht weit weg von Kafarnaum, wo Petrus wohnte. Jesus war oft in dieser Gegend gewesen. Meist hatte er bei Petrus gewohnt, bei dessen Frau und dessen Schwiegermutter. Er war am See entlang gewandert und hatte den Menschen von Gott erzählt. Er hatte viele Kranke geheilt und Menschen gerufen, ihm zu folgen. Maria aus Magdala war ihm bis nach Jerusalem gefolgt. Sie hatte ihm vertraut, ihn geliebt, auf ihn gehofft. Die Kreuzigung Jesu hatte sie dann mit Angst und Trauer erfüllt. Aber immer noch war in ihr das Verlangen, Jesus ganz nahe zu sein. Und das letzte Fünkchen Hoffnung konnten ihr auch die nicht nehmen, die Jesus umgebracht hatten. Vielleicht stimmte es ja doch, was Jesus vom „erfüllten Leben" erzählt hatte?

Ich habe den Herrn gesehen

Am Sonntag, dem ersten Tag der Woche, kam Maria von Magdala, frühmorgens, als es noch dunkel war, zum Grab. Da sah sie, dass der Stein von der Grabhöhle weggerollt war. Schnell lief sie zurück zu Petrus und zu Johannes, dem Jünger, den Jesus besonders gern hatte, und sagte zu ihnen: Jemand hat Jesus aus dem Grab weggenommen und ich weiß nicht, wohin man ihn gelegt hat. Da gingen Petrus und Johannes hinaus; sie liefen, so schnell sie konnten, zum Grab. Johannes war zuerst da. Er beugte sich vor und sah die Leinenbinden liegen, in die Jesus gewickelt war. Aber er ging nicht hinein. Da kam auch Petrus und ging in das Grab hinein. Er sah die Leinenbinden liegen und das Tuch, das auf dem Kopf Jesu gelegen hatte. Es lag nicht bei den Leinenbinden, sondern zusammengelegt daneben. Jetzt ging auch Johannes in das Grab hinein. Er sah und glaubte. Dann kehrten sie nach Hause zurück. Maria aber stand draußen vor dem Grab und weinte. Während sie weinte, beugte sie sich in die Grabkammer hinein. Da sah sie zwei Engel in weißen Gewändern sitzen. Der eine saß dort, wo der Kopf Jesu gelegen hatte. Der andere war da, wo die Füße des Leichnams gelegen hatten. Die Engel sagten zu ihr: Frau, warum weinst du? Sie antwortete ihnen: Man hat meinen Herrn weggenommen und ich weiß nicht, wohin man ihn gelegt hat. Als sie das gesagt hatte, drehte sie sich um und sah Jesus dastehen. Sie wusste aber nicht, dass es Jesus war. Er sagte zu ihr: Frau, warum weinst du? Wen suchst du? Sie meinte, es sei der Gärtner, und sagte zu ihm: Herr, wenn du ihn weggebracht hast, sag mir, wohin du ihn gelegt hast. Dann will ich ihn holen. Jesus sagte zu ihr: Maria! Da wandte sie sich zu ihm und sagte auf hebräisch zu ihm: Rabbuni!, das heißt: mein Meister. Jesus sagte zu ihr: Halte mich nicht fest, denn ich bin noch nicht zu meinem Vater hinaufgegangen. Geh aber zu meinen Brüdern und sag ihnen: Ich gehe hinauf zu meinem Vater und zu eurem Vater, zu meinem Gott und zu eurem Gott. Maria aus Magdala ging zu den Jüngern und sagte ihnen: Ich habe den Herrn gesehen.

Zwei Jünger begegnen dem auferstandenen Jesus

Zwei von den Jüngern waren auf dem Weg in ein Dorf namens Emmaus, das etwa zwölf Kilometer von Jerusalem entfernt ist. Sie sprachen über all das, was in den letzten Tagen geschehen war. Während sie redeten, kam Jesus dazu und ging mit ihnen. Aber sie waren wie blind, so dass sie ihn nicht erkannten. Er fragte sie: Was sind das für Dinge, über die ihr auf eurem Weg miteinander redet? Da blieben sie traurig stehen. Der eine von ihnen - er hieß Kleopas - antwortete ihm: Bist du so fremd in Jerusalem, dass du als einziger nicht weißt, was in diesen Tagen dort geschehen ist? Jesus fragte sie: Was denn? Sie antworteten ihm: Das mit Jesus aus Nazaret. Er war ein Prophet, mächtig in Wort und Tat vor Gott und dem ganzen Volk. Doch unsere Hohenpriester und Führer haben ihn zum Tod verurteilen und ans Kreuz schlagen lassen. Wir aber hatten gehofft, dass er der sei, der Israel erlösen werde. Und dazu ist heute schon der dritte Tag, seitdem das alles geschehen ist. Aber nicht nur das: Auch einige Frauen aus unserem Kreis haben uns in große Aufregung versetzt. Sie waren heute früh beim Grab. Den toten Jesus fanden sie aber nicht. Als sie zurückkamen, erzählten sie, es seien ihnen Engel erschienen und hätten gesagt, er lebe. Einige von uns gingen dann zum Grab und fanden alles so, wie die Frauen es gesagt hatten. Ihn selbst aber sahen sie nicht. Da sagte Jesus zu ihnen: Begreift ihr denn nicht? Wie schwer fällt es euch, alles zu glauben, was die Propheten gesagt haben. Und er erklärte ihnen, was in den heiligen Schriften des Volkes Israel über ihn geschrieben steht. Bald erreichten sie das Dorf Emmaus, zu dem sie unterwegs waren. Jesus tat, als wollte er weitergehen. Sie aber drängten ihn und sagten:

Herr, bleibe bei uns, denn es will Abend werden und der Tag hat sich geneigt. Da ging er mit ihnen hinein, um mit ihnen zu essen. Beim Essen nahm er das Brot, dankte Gott, teilte das Brot und gab es ihnen. Da gingen ihnen die Augen auf und sie erkannten ihn. Dann sahen sie ihn nicht mehr. Sie sagten zueinander: Brannte uns nicht das Herz, als er unterwegs mit uns redete und uns die Schrift erklärte? Sofort brachen sie auf und kehrten nach Jerusalem zurück. Sie fanden die Elf und die anderen Jünger versammelt. Diese sagten: Der Herr ist wirklich auferstanden und ist dem Petrus erschienen. Da erzählten auch sie, was sie unterwegs erlebt und wie sie ihn erkannt hatten, als er das Brot teilte.

Die meisten Jünger kehrten nach der Kreuzigung Jesu nach Hause zurück. Sie fingen an, wieder in ihren alten Berufen zu arbeiten. In ihrer Heimat, in Galiläa, weit weg von Jerusalem, machten sie die Erfahrung, dass Jesus nicht tot war, sondern wirklich lebte. Einige Jünger blieben aber in Jerusalem und gründeten die erste Gemeinde der Christen.

Gottes Geist lässt die Gemeinde wachsen

Jesu Jünger und Maria, die Mutter Jesu, waren in Jerusalem versammelt, um das Wochenfest zu feiern. Das Wochenfest ist ein großes Wallfahrtsfest zum Erntedank. Da geschah etwas Unerhörtes.

Gottes Geist ergreift die Jünger

Plötzlich kam ein heftiger Sturm auf und erfüllte das Haus, in dem sie beisammen waren. Die Jünger waren verwundert und lauschten dem seltsamen Geräusch. Neugierig schauten sie sich um. Noch nie hatten sie solch ein Windbrausen gehört. Ein helles Licht leuchtete auf einmal über ihnen. Es erschien ihnen so, als ob strahlende Zungen wie von Feuer sich auf sie niederließen. Sie freuten sich sehr, denn sie spürten: Der Heilige Geist hat uns ergriffen, wie Jesus es uns versprochen hatte. Sie rissen die Türen auf und rannten aus dem Haus. Jeder einzelne begann, in einer fremden Sprache zu reden, wie der Geist es ihm eingab.
Nach Jerusalem waren Menschen aus verschiedenen Völkern zum Wallfahrtsfest gekommen; sie hatten ganz unterschiedliche Sprachen. Als der Sturm losbrach, strömten alle zusammen. Sie waren ganz bestürzt, denn jeder hörte die Jünger in seiner Sprache reden. Ganz außer sich sagten sie: Stammen die da nicht alle aus Galiläa? Wieso kann sie jeder von uns in seiner Muttersprache hören?

Sie wussten zunächst überhaupt nicht, was das zu bedeuten hatte, und waren ratlos. Einige jedoch lachten und sagten:
Die Männer da sind betrunken.
Als alle noch ratlos waren, trat Petrus hervor und sprach zu ihnen: Wir sind nicht betrunken, wie ihr denkt. Vielmehr ist jetzt geschehen, was schon die Propheten angekündigt haben: Gott wird seinen Geist über alle ausgießen. Alle werden Propheten sein, Männer und Frauen, Alte und Junge, Knechte und Mägde. Dann erzählte Petrus den Leuten alles, was Jesus getan hatte: Er hat Kranke geheilt, Trauernde getröstet und viele Zeichen und Wunder gewirkt. Trotzdem wurde er angeklagt, gefangen genommen und gekreuzigt. Doch am dritten Tag hat Gott ihn auferweckt. Uns hat er den Heiligen Geist geschenkt, damit wir in seinem Geist leben und seine Gedanken weitersagen.
Die Leute fragten Petrus: Was sollen wir jetzt tun? Er antwortete ihnen: Überlegt, wie Jesus gehandelt hat. Bemüht euch, friedlich miteinander zu leben und jeden zu seinem Recht kommen zu lassen. Vergesst nicht den, der auf eure Hilfe wartet. Lasst euch taufen, damit ihr ganz zu Jesus gehört und seine Jünger seid.
Die Menschen, die Petrus zuhörten, waren begeistert von seinen Worten. Sie fühlten sich geborgen in der Gemeinschaft der Jesusjünger; ihre Zahl wuchs von Tag zu Tag. Man erkannte die Leute, die zu Jesus gehörten, daran, dass sie in ihren Häusern - wie einst Jesus - das Brot miteinander teilten und in Frieden und Freude miteinander lebten. Die Menschen, die sich zu Jesus bekannten, verkauften alles, was sie besaßen, und gaben davon ab, jedem so viel, wie er nötig hatte. Es war eine wunderbare Gemeinschaft.

Paulus begegnet Jesus

Die erste Gemeinschaft der Jesusjünger in Jerusalem hatte bald unter Verfolgungen zu leiden. Wer sich zu Jesus Christus bekannte und sein Jünger war, wurde von denen angefeindet, die Jesus ans Kreuz gebracht hatten. Der erste Jesusjünger, der bei solchen Streitigkeiten zu Tode kam, war Stephanus: Er wurde gesteinigt. Viele Jesusanhänger verließen darum aus Angst Jerusalem. Aber auch an anderen Orten waren sie nicht sicher. Einer der schärfsten Gegner der Christen war Paulus, der mit jüdischem Namen Saul oder Saulus hieß. Er brachte viele ins Gefängnis. Bis er eines Tages selbst ein Jünger Jesu wurde.

Paulus wird bekehrt

Paulus verfolgte die Anhänger Jesu. So wollte er auch die Jesusjünger in Damaskus gefangen nehmen. Als Paulus sich Damaskus näherte, umstrahlte ihn plötzlich ein Licht vom Himmel. Er stürzte vom Pferd, fiel zu Boden und hörte eine Stimme: Paulus, Paulus, warum verfolgst du mich?

Er fragte: Wer bist du, Herr? Da sagte dieser: Ich bin Jesus, den du verfolgst. Steh auf und geh in die Stadt. Dort wird man dir sagen, was du tun sollst. Die Begleiter des Paulus waren ganz sprachlos. Sie hörten zwar die Stimme, sahen aber niemand.
Als Paulus sich vom Boden erhob und die Augen öffnete, sah er nichts mehr. Seine Begleiter führten ihn nach Damaskus. Drei Tage lang war er blind, er aß nichts und trank nichts.
In Damaskus lebte auch Hananias, ein Jünger Jesu. Im Traum hörte er, wie jemand ihn rief: Hananias. Er antwortete: Hier bin ich, Herr. Da sagte der Herr zu ihm: Geh in die Gerade Straße zum Haus des Judas und frag dort nach Paulus. Hananias aber sagte: Herr, hat dieser Paulus deinen Jüngern nicht schon viel Böses angetan? Er bringt doch alle ins Gefängnis! Der Herr aber sprach: Geh nur! Paulus soll meinen Namen bei den Völkern bekannt machen.
Da ging Hananias zu Paulus. Er legte ihm die Hände auf und sagte: Paulus, der Herr hat mich zu dir geschickt, Jesus, der dir vor den Toren der Stadt erschienen ist.

Du sollst wieder sehen können und mit heiligem Geist erfüllt werden. Da fiel es wie Schuppen von seinen Augen. Paulus konnte wieder sehen und ließ sich sofort taufen.
Paulus blieb noch ein paar Tage in Damaskus und verkündete dort in den Gotteshäusern: Jesus ist der Sohn Gottes. Alle waren ganz außer sich. Wie konnte dieser Paulus aus einem Feind zu einem Freund der Jünger Jesu werden? Das konnte doch nicht wahr sein! Paulus aber verkündete weiter voll Begeisterung seinen Glauben an Jesus Christus und brachte damit alle in Verwirrung.

Paulus hatte es nicht leicht, sich gegen die ersten Apostel Petrus, Jakobus, Johannes und die anderen zu behaupten. Schließlich hatte er ja die Anhänger Jesu lange Zeit verfolgt. So traute man ihm nicht gleich. Es gab manch harte Worte und manchen Streit um den rechten Glauben an Jesus Christus - auch mit Petrus, z.B. auch über die Frage, ob Heiden, die Christen werden wollten, das ganze Gesetz des Mose halten müssten. Nach einiger Zeit wurde Paulus auch von den anderen als Apostel anerkannt, obwohl er Jesus selbst ja nicht gekannt hatte.
Paulus hat viele Gemeinden in der heutigen Türkei und in Griechenland gegründet. In der Bibel finden sich eine ganze Reihe von Briefen, die Paulus an diese Gemeinden geschrieben hat. Petrus und Paulus starben in Rom für ihren Glauben. Sie sind bis auf den heutigen Tag für die Christen die wichtigsten Apostel geblieben.

Was wir erhoffen ...

Ganz am Schluss erzählt die Bibel, wie die Welt sein könnte, wenn die Menschen sich wirklich Gott zuwenden: Die Bibel erzählt es in traumhaften Bildern. Manches von diesen Träumen könnte auch heute schon Wirklichkeit sein, wenn wir Tränen trocknen, Frieden schließen, keine Gewalt anwenden, Armen und Kranken helfen ... Ein Christ am Ende des 1. Jahrhunderts, er hieß Johannes, hat uns seinen Traum von einer anderen besseren Welt aufgeschrieben.

Gott wohnt unter den Menschen

Ich sah einen neuen Himmel und eine neue Erde. Ich sah die heilige Stadt, das neue Jerusalem, vom Himmel herabkommen. Sie war schön wie eine Braut, die sich für ihren Mann geschmückt hat. Und ich hörte eine Stimme rufen: In dieser Stadt wohnt Gott unter den Menschen. Er wird immer bei ihnen sein. Alle Tränen wird er von ihren Augen abwischen. Es wird keinen Tod und keine Krankheit mehr geben, keine Trauer, keine Klage. Denn ich mache alles neu.
Die ganze Stadt ist erfüllt von der Herrlichkeit Gottes. Sie glänzt wie ein kostbarer Edelstein. Ihre zwölf Tore sind schön wie Perlen, ihre Straßen glänzen wie reines Gold. Einen Tempel gibt es in der Stadt nicht mehr. Denn Gott selbst wohnt unter den Menschen. Die Stadt braucht weder Sonne noch Mond, die ihr leuchten. Denn Gott selbst macht sie hell. Ihre Tore werden den ganzen Tag nicht geschlossen, Nacht wird es dort nicht mehr geben, niemand muss mehr Angst haben. Die Völker werden mit all ihrer Pracht und all ihren Kostbarkeiten in die Stadt einziehen.

Mitten in der Stadt, am Thron Gottes, entspringt ein Fluss mit dem Wasser des Lebens. An seinen Ufern stehen Bäume des Lebens. Zwölfmal tragen sie Früchte, jeden Monat einmal. Und die Blätter der Bäume dienen zur Heilung aller Menschen. In der Stadt wird es nichts Böses mehr geben, keinen Streit und keinen Krieg. Die Menschen aller Völker können in Sicherheit miteinander leben und mit ihrem Gott.

Den Traum vom himmlischen Jerusalem erzählt die Bibel in Bildern, die den Bildern der Paradiesgeschichte am Anfang der Bibel ähneln: die Flüsse mit dem Wasser des Lebens, die Bäume des Lebens mit ihrem Reichtum an Früchten, der Friede und die Sicherheit, die aus der Gemeinschaft der Menschen mit Gott kommen. Ja, es kann so sein, wie Gott unsere Welt gemeint hat. Ja, es wird so sein.

Die Deutsche Bibliothek — CIP-Einheitsaufnahme

Ein Titeldatensatz für diese Publikation ist bei
Der Deutschen Bibliothek erhältlich.

ISBN 3-460-28023-9

Gestaltung, Illustrationen, Satz: Ronald Parusel, Mössingen
Reproduktionen: Studio 16, Dußlingen
Druck: Freiburger Graphische Betriebe

Illustrationen und graphische Gestaltung
Ronald Parusel, Mössingen

Texte
Dieter Bauer, Wolfgang Baur, Bettina Eltrop,
Markus Fels, Wolfgang Hein, Franz-Josef Ortkemper
(Katholisches Bibelwerk, Stuttgart),
für diese Ausgabe neu redigiert von Sebastian Tonner.
Die biblischen Texte sind frei nach der
Einheitsübersetzung der Heiligen Schrift erzählt.